T0061913

JOSÉ ANTONIO LUCERO
ILUSTRACIONES DE BYRSA

¿DE DÓNDE HA SALIDO ESTO?

LOS INVENTOS QUE CAMBIARON LA HISTORIA

B DE BLOK

Papel certificado por el Forest Stewardship Council®

MIXTO
Papel procedente de
fuentes responsables
FSC® C117695

Penguin
Random House
Grupo Editorial

Primera edición: noviembre de 2022

© 2022, José Antonio Lucero
© 2022, Penguin Random House Grupo Editorial, S. A. U.
Travessera de Gràcia, 47-49. 08021 Barcelona
© 2022, Byrsa, por las ilustraciones
Diseño de cubierta: Penguin Random House Grupo Editorial / Paola Timonet

Printed in Spain – Impreso en España

ISBN: 978-84-18688-32-4
Depósito legal: B-16.680-2022

Compuesto en Compaginem Llibres, S. L.
Impreso en Gómez Aparicio, S. A.
Casarrubuelos (Madrid)

BL 8 8 3 2 4

A Carmen, para que tú también sueñes
con cambiar el mundo

¿DE DÓNDE HAN SALIDO TODAS LAS COSAS QUE NOS RODEAN?

Déjame que intente adivinar algunas cosas sobre ti. La primera es muy sencilla: ahora mismo tienes este libro entre las manos. Antes de empezar a leerlo, lo has abierto para curiosear entre sus páginas, quizá para leer algún párrafo o maravillarte con sus ilustraciones, ¿a que sí? Y tal vez lo has olido, porque los libros nuevos tienen un olor especial que no tiene ninguna otra cosa en el mundo.

Ahora, piensa en el día de hoy. Esta mañana tal vez te haya despertado el sonido de un despertador. Para desayunar, quizá hayas calentado leche en un microondas y tostado un par de rebanadas de pan en una tostadora. Si hoy te ha tocado ir al cole o al instituto, te habrás vestido y tal vez hayas ido en bicicleta o en autobús con una mochila en la que probablemente hayas mezclado libros de texto con un dispositivo electrónico, como una tablet. Luego, al llegar a casa y reponer fuerzas con una suculenta comida, quizá te hayas entretenido un poco viendo la televisión, jugando a un videojuego o leyendo un cómic (pero, ojo, no te pases mucho con eso, que a lo mejor tienes que hacer algo de tareas escolares, ¿no?).

Es probable que pienses que tu vida es un poco monótona, es decir, que siempre pasa lo mismo. Pero piensa una cosa: si le diésemos la oportunidad de viajar hasta nuestro tiempo a un chico o una chica como tú de hace 200 000 años, no te puedes imaginar qué cara de asombro pondría. Bueno, sí, la de este emoji: 🫣

Porque 200 000 años son muchos años, ¿eh? Tantos que, si te pones a contar con los dedos desde el uno, tardarías más de 60 horas en completar la cuenta (pero espera un momento, no te pongas a contar ahora, anda, que tu tiempo es muy valioso para eso). Aunque, ojo, si en esa máquina del tiempo nos trajéramos al presente a un chico o una chica de hace 5 000 años, 1 000 años o tan solo 200 años, también se llevarían una sorpresa mayúscula. ¿Por qué? Porque a lo largo de la historia, y gracias a multitud de descubrimientos e inventos que muchas personas han ido haciendo, nuestras vidas han cambiado mucho.

Este libro va precisamente de eso: de **inventos** y de **grandes descubrimientos** que cambiaron el mundo. Cuando hablamos de inventos, hablamos de objetos que han sido creados, diseñados y producidos; desde cosas aparentemente tan simples como la rueda hasta grandes hitos de la ciencia como la vacuna contra el coronavirus. En algunos casos, imaginaremos la vida de sus inventores, pues conocemos poco o nada sobre ellos. Lo que sí sabemos es que, una vez desarrollaron sus invenciones, nuestras vidas ya no fueron iguales.

Cuando yo tenía tu edad, fantaseaba a menudo con poder viajar en el tiempo para conocer épocas pasadas, y atiborraba a mis padres a preguntas sobre muchas de las cosas que me rodeaban. Y tú, ¿nunca te has preguntado cómo se han inventado muchas de esas cosas y qué importancia han tenido en la historia? Sigue leyendo para averiguarlo.

EL BIFAZ: LA NAVAJA SUIZA DE LA PREHISTORIA

¿Sabes qué es una **navaja suiza**? Es probable que tus padres tengan una por casa. Es un curioso instrumento que en su interior guarda un buen número de pequeñas herramientas, como un cuchillo, un destornillador, unas tijeras o, por ejemplo, un abrebotellas; todo ello en un tamaño tan pequeño que te cabe en la palma de la mano. Te podrás imaginar que, en algunas circunstancias, la navaja suiza te saca de algún que otro apuro.

Pero, en realidad, no es sobre este invento sobre lo que yo querría hablarte ahora. De lo que quiero hablarte es del primer invento que los seres humanos hicimos... ¿Sabes qué es un **bifaz**? Pues nada más y nada menos que la navaja suiza de la prehistoria. Para conocerlo mejor, permíteme que te presente a nuestra amiga Kiala, de doce años.

• • • • • • • • • • • • • • • • • • •

Kiala es pequeña y tiene el cuerpo cubierto de pelo. Ni ella ni ningún miembro de su clan sabe que, dos millones de años después, los llamaremos *Homo habilis*, es decir, los «homínidos hábiles». Cuando hablamos de **homínidos**, nos referimos a todas las especies emparentadas con la nuestra que surgieron desde un ancestro común, que llamamos australopiteco. Tú y yo somos los sapiens, ¿lo sabías? Pues Kiala es como nuestra abuela lejana. Kiala vivió hace dos millones de años en el valle del Rift, donde se encuentra buena parte del origen de nuestra familia.

Kiala vivía en un clan formado por una veintena de individuos que se encargaban de múltiples tareas: algunos cazaban, otros recolectaban frutos, otros fabricaban cabañas para mantenerse al abrigo de los vientos, otros se encargaban del cuidado de los más pequeños o de los ancianos, y otros simplemente lideraban al clan con su astucia o determinación.

El padre de Kiala, Pri, era el líder de su clan. Junto con otros machos y hembras, salía todas las mañanas a buscar comida, como frutos, pequeños animales o incluso cadáveres de recién fallecidos (sí, da un poco de asco, pero ¿qué podían hacer si no?). Para ayudarse en la caza, usaban palos o piedras que encontraban en el suelo y con los que golpeaban a las presas. Además, con esos palos o piedras, intentaban ahuyentar a depredadores como el tigre dientes de sable u otros animales salvajes, que solían abundar por el valle. Por ejemplo, uno de los peligros más grandes que acechaban al clan de Kiala eran aquellas bocas repletas de dientes que los atacaban cuando se acercaban a las orillas del gran río (aquel animal que, más adelante, nosotros llamaremos «cocodrilo»).

Una tarde, Pri y varios miembros del clan volvieron a las cabañas donde se encontraban los niños y los ancianos portando el cadáver de uno de esos animales de boca enorme. Estaban exultantes, pues sabían que con su carne podían alimentar al clan durante muchos días sin necesidad de salir a cazar. Pero se encontraron con un problema cuando intentaron comerse la carne del cocodrilo: era muy dura y, por mucho que intentasen morderla o golpearla con un palo o una piedra, no podían rasgarla.

Hasta que, de repente, Kiala gritó para que todos le hicieran caso, pues había tenido una idea. Aquello le había recordado a algo que le había pasado algunos días atrás: caminaba por el valle tras haber recolectado algunos frutos cuando, accidentalmente, pisó una **piedra afilada** y se cortó en la planta del pie. Le dolió mucho y, de hecho, aún le seguía doliendo días después.

Kiala de pronto comenzó a pensar: si la piedra afilada le había cortado el pie, tal vez podría cortar también la carne de ese animal de piel dura y boca repleta de dientes. Buscó una piedra y le pidió a su padre que la arrojase con fuerza sobre otra piedra mayor, a fin de poder afilarla. Pri, el jefe del clan, protestó un poco, pero finalmente accedió a la petición de su hija: cogió la piedra y, tras un par de intentos, logró romperla por la mitad al hacerla chocar. Luego, Kiala se apresuró a coger la piedra cortada y se acercó al cuerpo del cocodrilo. Nuestra amiga, bajo la atenta mirada del resto del clan, comenzó a cortar hundiendo el filo de la piedra bajo su dura piel.

Los familiares de Kiala no podían salir de su asombro y, tras atiborrarse de la carne del cocodrilo, comenzaron a practicar para poder crear sus propias piedras afiladas. Con el paso de generaciones y generaciones, estas fueron perfeccionándose, con filos más cortantes y con múltiples usos como cortar, raspar o perforar otros materiales. Así fue como llegamos a **la primera herramienta humana**: el bifaz, que nos ha acompañado durante cientos de miles de años.

Hasta la invención del bifaz, producto de la imaginación y la habili-

dad de muchas personas, los homínidos dependíamos de nuestros dientes, de nuestra fuerza o de nuestra agilidad para cazar animales o escapar de los temibles depredadores. Las herramientas en piedra que fuimos desarrollando, como el bifaz, nos dieron de repente una ventaja muy significativa con respecto al resto de los animales de la cadena alimentaria. Además, estas herramientas fueron el primer objeto que diseñamos; pasando de un diseño un poco rudo hasta que finalmente apareció el bifaz, con su filo cortante como nuestros cuchillos y su característica forma de «lágrima».

Con ello demostramos, ya desde tiempos tan remotos, que éramos seres creativos capaces de imaginar e inventar. Hoy en día, seguimos creando inventos **gracias a nuestra imaginación** con el objetivo de que ello nos proporcione algún tipo de ventaja o ayuda. El primero de todos los inventos fue el bifaz: la navaja suiza de la prehistoria.

¿SABÍAS QUE...?

Tal vez el bifaz más famoso del mundo se descubrió en el yacimiento de **Atapuerca**, en Burgos, en una zona conocida como la Sima de los Huesos. Es un bifaz muy raro elaborado con cuarcita roja, un material que no se encuentra en el entorno de la sierra, por lo que seguramente vino de algún lugar lejano a través de intercambios entre distintas tribus. Fue bautizado como Excalibur, igual que la espada del rey Arturo.

HAGAMOS UN REPASO

¿Qué es? Una herramienta en piedra tallada por dos caras, de ahí el nombre de bifaz.

¿Quién lo inventó? Miles de hombres y mujeres que, como nuestra amiga Kiala, lo perfeccionaron a lo largo de las generaciones.

¿Cuándo? Hace un millón de años aproximadamente.

¿Por qué es importante? Porque nos dio una gran ventaja al poder cortar, raspar o perforar, y demostró que los humanos éramos seres creativos capaces de inventar.

LA CERÁMICA: NUESTRO PRIMER RECIPIENTE

Cuando estás en casa y te entra sed, ¿qué es lo que haces? Déjame responder por ti: vas a la cocina, coges un vaso y lo llenas de agua antes de empinarlo para beber, ¿a que sí? Vale, sé que puede parecer una pregunta un poco tonta, pero ya deberías saber que no existen las preguntas tontas. Y aquí va otra: cuando te dispones a comer, ¿qué es lo primero que pones en la mesa? Sí, lo has adivinado: uno o varios platos o un cuenco en caso de que vayas a tomar una sopa, por ejemplo.

Tal vez no seas consciente de **la importancia** de unos objetos comunes que han estado contigo desde siempre, es decir, desde que eras un bebé y te daban leche con un biberón o un potito de verduras. Hablo de los recipientes. ¿Quieres saber de dónde vienen? Preguntémosle a nuestra amiga Naqia, de nueve años.

• • • • • • • • • • • • • • • • • •

Naqia vivió en la ciudad de Jarmo, en un lugar llamado **Mesopotamia**, hace 10 000 años. Mesopotamia era una zona fértil entre los ríos Tigris y Éufrates, donde por aquel entonces muchas tribus de sapiens (es decir, de nuestra misma especie) comenzaron a convivir de forma permanente para crear grandes asentamientos, que llamaremos «ciudades». Las personas que vivían en esas ciudades dejaron de salir a cazar animales salvajes o a buscar plantas o árboles para recolectar frutos, ya que, poco a poco, fueron desarrollando sus propios métodos para obtener alimentos: **la agricultura y la ganadería**. Los padres de Naqia, de hecho, se dedicaban al cultivo de trigo y otros cereales, y se pasaban casi todo el día, de sol a sol, atendiendo sus cosechas. A esta etapa de la vida del ser humano la llamamos **«Neolítico»**, y el *Homo sapiens* es la única especie de la familia de los homínidos que la ha vivido, ya que el resto, como por ejemplo los neandertales, la especie de nuestra amiga Kiala, se habían extinguido hace mucho.

Una noche, durante la época de recogida, el padre de Naqia llegó a casa cargando con dos pesadas canastas de mimbre repletas de cereal. Naqia, que jugaba junto a sus hermanos con unos muñequitos que ella misma había hecho con barro cocido, vio que su padre se dirigía al almacén de alimentos. Tras dejar allí las pesadas cestas, el hombre se echó la mano a la espalda y resopló, dolorido.

La sorpresa llegó al alba de la mañana siguiente, cuando su madre se disponía a moler los granos de cereal: unos roedores habían raído las cestas para alimentarse de lo que había en su interior.

La madre de Naqia, que se llamaba Enki, pegó un grito. El resto de la familia acudió al almacén a comprobar todo el desastre: buena parte de **la cosecha almacenada** en esas viejas cestas se había echado a perder.

—¡Madre, tengo una idea! —exclamó Naqia, de pronto.

Sus padres miraron con curiosidad a la pequeña, que corrió hacia la estancia principal de la casa, construida con **barro y adobe**, y volvió al almacén con los muñecos de barro que ella misma había moldeado y cocido con ayuda de su madre, Enki.

—¿Recordáis mis muñequitos? He pensado que tal vez podríamos darle otro uso al barro con el que hacemos figuritas. Por ejemplo, si le damos la forma de una cesta, quizá podríamos elaborar recipientes.

Enki miró a su marido y se dio cuenta de que la pequeña podía tener razón. Desde que Naqia era pequeña, le habían enseñado a elaborar figuras usando **arcilla**, un material blando que, cuando se calienta, se vuelve duro y adquiere la forma que se desee. Solo era necesario calentar la arcilla en un fuego para que, como si fuese cosa de los dioses, se volviese dura como una roca. Con este material se fabricaron los primeros juguetes de la historia, como aquellos con los que jugaba Naqia.

Su padre fue a por arcilla con los hermanos mientras que Naqia y su madre se quedaron en casa para hacer fuego. Cuando el padre volvió, su hija moldeó una pequeña vasija dándole pellizcos al montón de arcilla cruda que, al calentar al fuego, se volvió **dura y resistente**. Para comprobar su resistencia, Enki cogió un puñado de cereal y lo vertió sobre la vasija.

—¡Funciona! —exclamó la pequeña Naqia—. Con estos recipientes, seguro que los ratones no podrán comerse el cereal.

Su padre cogió la vasija y la examinó.

—Pues sí —dijo, dándole vueltas al recipiente—. Y se me ocurre también que podemos usarlo para **transportar agua**. Además, si le ponemos un par de asas, será más fácil llevarlo de un lado a otro.

El rostro de la pequeña Naqia se iluminó.

—¡Pues manos a la obra, papá! —dijo, comenzando a darle forma a otro montón de arcilla cruda.

Al final del día, la familia había producido una decena de recipientes de varios tamaños, que llenaron con semillas de cereal. Cuando se los enseñaron a sus vecinos, estos se apresuraron, entusiasmados, a crear sus propias vasijas y cacharros de arcilla.

• •

El invento de la **cerámica** hubo de ocurrir así, destinado a mejorar el transporte o el almacenamiento de alimentos en recipientes duraderos y prácticos. En la época de Naqia, había un auténtico problema: la agricultura y la ganadería producían una cantidad de alimentos mucho mayor que la caza y la recolección, por lo que debían buscar la forma de almacenarlos convenientemente. Además, debido a que producían más alimentos de los que podían comer, comenzaron a intercambiarlos con otros vecinos o con pueblos lejanos gracias también a la facilidad para transportar **los recipientes de cerámica**.

Hoy, miles de años después, seguimos usando recipientes parecidos a los que elaboraron personas como Naqia y sus padres, aunque ahora usamos otros materiales, no solo arcilla. A pesar de ello, a la

arcilla le debemos mucho: fue **el primer material que moldea-mos a nuestro antojo** y nos permitió almacenar y transportar otras materias primas de la naturaleza. Este invento, aunque parezca poco importante, supuso una gran revolución.

¿SABÍAS QUE...?

En muchos otros lugares se creó cerámica, no solo en Mesopotamia. Por ejemplo, en **China**, en **Japón** o en **Europa**. En la región alemana de Baviera, se encontraron los recipientes de arcilla tal vez más curiosos de la prehistoria: eran pequeñas tazas en forma de animalitos situadas al lado de tumbas infantiles, en las que se encontraron restos de leche de vaca y cabra. Es decir, ¡fueron nuestros primeros biberones!

HAGAMOS UN REPASO

¿Qué es? El invento que nos permitió fabricar los primeros
recipientes con arcilla cocida.

¿Quién la inventó? Miles de hombres y mujeres que, como
nuestra amiga Naqia, los perfeccionaron a lo largo de las
generaciones.

¿Cuándo? A partir del 8 000 a. C., aproximadamente, en varios
lugares.

¿Por qué es importante? Porque nos permitió almacenar
o transportar materiales o comida.

LA RUEDA: EL INVENTO REDONDO

No sé si tú eras de los que de pequeño solían jugar con coches de carreras o con camiones de bomberos. A mí me encantaba hacerlo y podía pasarme horas haciéndolos recorrer improvisadas carreteras que trazaba sobre una alfombra. Pues bien, te voy a contar algo sobre estos medios de transporte: los coches o las camionetas con los que hoy en día nos movemos de un lado a otro, y de los que hablaremos más adelante, funcionan gracias a un invento de hace miles de años. Me refiero a otro de esos inventos que parecen poco importantes pero que, en realidad, revolucionaron el mundo sin quererlo. Hablamos de la rueda. Sí, de la rueda, como las de tu bici. ¿Quieres saber cómo apareció y a quién debió de ocurrírsele primero? Para ello, vamos a volver a viajar a la antigua Mesopotamia a conocer a nuestro amigo Nabu, de catorce años.

• • • • • • • • • • • • • • • • • •

Nabu vivió en la rebosante ciudad de Ur hace unos 7 000 años. Por aquel entonces, aquellas ciudades que aparecieron en el Neolítico con su agricultura y el desarrollo de las primeras vasijas de cerámica se convirtieron en grandes urbes gobernadas por reyes y en las que convivían agricultores y ganaderos con carpinteros, herreros, hilanderos o comerciantes. El padre de Nabu, Adab, se dedicaba a transportar **vasijas de cerámica** cargadas de productos manufacturados entre Ur y Uruk, otra de las grandes ciudades de Mesopotamia por aquel entonces.

Adab era un hombre muy ingenioso. Por ejemplo, se dio cuenta de que para realizar sus viajes podía aliviar el peso del transporte si utilizaba troncos de árbol en forma de rodillo bajo la carga. El mecanismo parecía simple: bastaba con hacer rodar los troncos bajo la plataforma de madera en la que llevaba las vasijas de cerámica. Pero durante el trayecto, a Adab y a sus ayudantes les era difícil mantener el rodillo bajo la plataforma de carga, debido a las complicaciones del terreno.

En una ocasión, Adab le pidió a su hijo Nabu que lo acompañase en uno de sus viajes. A su hijo no le hacía mucha gracia, porque él prefería quedarse en la ciudad junto con sus amigos. En aquellos viajes, que solían durar semanas, se pasaba **mucho calor,** aunque por lo menos su padre Adab lo entretenía con historias y anécdotas de sus viajes anteriores, que el chico oía con atención. Hasta que una tarde, mientras el sol se ponía, en una de las plataformas de carga uno de los rodillos se salió de su eje e hizo caer todas las vasijas.

—¡Maldición! —exclamó Adab, enfadado.

Nabu comprobó **el rodillo** durante algunos minutos y, de repente, tuvo una idea.

—¿Recuerdas el artilugio que usan los alfareros para darle vueltas a la cerámica, padre? —le preguntó.

Hacía unos días, Nabu había visitado a un amigo suyo, hijo de un alfarero que se encargaba de **fabricar cerámica** para el rey de la ciudad. Desde hacía algún tiempo, él y otros alfareros —no solo de Ur sino de otras ciudades de Mesopotamia— usaban una base giratoria para elaborar las vasijas que, al dar vueltas, hacía mucho más sencillo el modelado de la arcilla. A ese invento los alfareros lo llamaban **«torno»**.

—¿Y qué tiene que ver eso ahora, hijo? No me entretengas, ¿vale?

Pero, a pesar de la negativa de su padre, Nabu estaba convencido de que ese artilugio, **ese torno**, podía tener uso en el transporte de personas y mercancías, que, hasta entonces, se realizaba de forma muy lenta y costosa.

—Sí, escúchame, padre —intentó convencerlo—. Si usamos dos de esas bases redondas a cada lado de la plataforma y las fijamos a un eje, seguro que será mucho más fácil trasladar la carga.

A pesar de su reticencia inicial, Adab se dio cuenta enseguida de que su hijo podía tener razón. En cuanto llegaron a Uruk, fueron a un **taller de cerámica** para ver en persona uno de esos tornos que todos los alfareros habían comenzado a usar.

—Sí, puede que funcione, hijo —exclamó Adab mientras veía al alfarero utilizar el torno para moldear la vasija mientras giraba la arcilla.

De vuelta a casa, trabajaron durante días en fabricar el diseño de Nabu, para lo cual utilizaron madera. Finalmente, lo llamaron «rueda».

—La rueda, padre —dijo Nabu, contemplando orgulloso su invento—, va a ser un antes y un después. Ya verás.

Nabu tenía razón. Enseguida, otros comerciantes e incluso el rey de Ur se interesaron por la rueda, que se expandió con la misma rapidez con la que los carros de transporte —es decir, las plataformas movidas por ruedas— llegaban a todos los confines de Mesopotamia.

• • • • • • • • • • • • • • • • • •

Aquel que inventó la rueda, cuyo nombre en realidad no conocemos (imaginemos que fue Nabu, el hijo de Adab), tuvo, sin lugar a dudas, una de las mentes más privilegiadas de la historia. Su creación es un ejemplo más de hasta dónde puede llegar **nuestra capacidad para imaginar**, porque en la naturaleza no existe ejemplo de nada que funcione como una rueda.

Pero ¿por qué fue tan importante? No solo porque se utilizó para transportar personas y mercancías, sino porque poco a poco se le fue dando **infinidad de otros usos**. Gracias a ella se crearon las poleas para levantar grandes cargas, los molinos de viento o de agua, las ruecas para el hilado y, mucho tiempo después, permitieron la invención del automóvil o de la bicicleta, como veremos más adelante. Un invento más que redondo, no hay duda.

Las primeras ruedas representadas en la historia fueron las dibujadas en el Estandarte de Ur, una caja de madera con dibujos realizada hace más de 5 500 años en la ciudad de nuestro amigo Nabu. No obstante, la rueda más antigua conservada se encontró en Eslovenia, en el centro de Europa, con más de 5 200 años. Estaba hecha de madera, apareció con su eje y casi podríamos seguir usándola hoy en día.

HAGAMOS UN REPASO

¿Qué es? Un disco que gira en torno a un eje.

¿Quién la inventó? Varias personas que adaptaron el torno
alfarero.

¿Cuándo? A partir del 5 000 a. C., en lugares
como Mesopotamia y Europa.

¿Por qué es importante? Porque nos permitió transportar
mercancías, moldear arcilla o mover mecanismos
como el de un molino.

EL DINERO: EL PRIMER INTERCAMBIO DE CROMOS

Imagina que coleccionas cromos y, de pronto, te toca uno que muy pocos amigos tuyos tienen. De repente, te ofrecen muchas cosas para comprártelo: un montón de cromos que no tienes, unos cómics o incluso un juego de cartas. No te has dado cuenta ni tus amigos tampoco, pero ese cromo se ha convertido en **dinero**, es decir, en un medio de intercambio que te permitirá obtener otros objetos.

Vives en un mundo en el que muchas de las cosas que te rodean puedes comprarlas con dinero. Aunque, afortunadamente, **no las más importantes**: el amor de tus padres, las historias de tus abuelos o los abrazos de tus amigos. Pero sí que necesitas dinero para comprar comida, ropa o ese nuevo videojuego al que tantas ganas tienes de jugar. No sé si te has hecho alguna vez una pregunta como esta, pero ¿desde cuándo existe el dinero? ¿Por qué lo usamos para comprar cosas? Pues bien, para intentar comprenderlo, vamos a conocer a nuestra nueva amiga Niut, de trece años.

· · · · · · · · · · · · · · · · · · ·

Niut vivió hace más de 6 000 años en una pequeña ciudad que se formó hace muchas generaciones junto a la orilla del río Éufrates. En esa zona, milenios atrás, surgieron un buen número de grandes ciudades debido al acceso al agua y a tierras fértiles; grandes urbes como Uruk y Ur, que ya conoces. El padre de Niut, Banto, se encargaba de obtener **metal** de unas minas cercanas a la ciudad. ¿Y por qué era importante el metal? Pues porque no hacía mucho habían descubierto que con él se podían fabricar armas o crear collares, sortijas o colgantes. Banto dirigía el grupo que explotaba las minas, formado por varios hombres y mujeres. Luego, trabajaban ese metal con tal de elaborar objetos. El material que obtenía Banto era muy valioso y mucha gente quería tener objetos fabricados con él. La época en que el metal comenzó a ser muy importante la conocemos como la **Edad de los Metales**.

El resto de los habitantes de la ciudad se encargaban de realizar tareas muy diversas: unos cultivaban la tierra, otros cuidaban del ganado, otros hacían pan, otros hilaban y cosían, y otros se encargaban de proteger los almacenes de comida o las reservas de metal para que a nadie se le ocurriese meter ahí las manos.

Todo el mundo respetaba a Banto, que actuaba a veces como un rey de un reino que se limitaba únicamente a las fronteras de su ciudad. Una mañana, Banto fue con su hija Niut a visitar a un reputado artesano, que fabricaba vasijas de cerámica. Niut, al entrar en su taller, se quedó maravillada ante las preciosas vasijas perfectamente **diseñadas** y **decoradas** por el artesano.

—Buenos días, amigo, ¿cuánto me pedirías por tres vasijas para guardar grano? —le preguntó Banto.

—¿Qué me ofrecerías por ellas, querido amigo? —respondió el artesano.

Banto hizo recuento de sus bienes.

—Podría ofrecerte **parte del trigo** que almaceno en casa.

El artesano se llevó la mano al mentón, pensativo.

—No, creo que no lo necesito. La última cosecha fue muy buena y tenemos alimentos de sobra.

—¿Y cuero? **¿Necesitas cuero?** Podría conseguir buenas piezas para crear mantas o ropajes —ofreció Banto, bajo la atenta mirada de Niut.

—No, tampoco lo necesito.

—Entonces ¿qué es lo que quieres por tus vasijas?

Y el artesano respondió:

—En realidad, no necesito nada por el momento. Pero sí que podría aceptar varias piezas de **ese valioso metal** que se obtiene en las minas.

El artesano señaló el colgante que Niut llevaba al cuello y que le había fabricado su padre con **cobre**, el metal que obtenían en la montaña más cercana.

—¿Y para qué quieres tú eso? —preguntó Banto, extrañado.

Hasta que, de pronto, Niut tuvo una idea.

—¡Se me ha ocurrido algo! —exclamó la niña, a la que los hombres miraron con gesto de sorpresa—. Todo el mundo quiere tener joyas de metal, ¿no? Pues bien, ¿y si usamos el metal como objeto para intercambiar productos? Así no será tan difícil alcanzar un acuerdo para comerciar con **vasijas de cerámica, granos de trigo o pan recién horneado.** Seguro que, si le damos al artesano varias joyas de metal, él podrá ir al pescador para intercambiarlo por la captura del día, y el pescador hará lo mismo con la hilandera que fabrica hilo, ¿no? Banto asintió, maravillado con la idea que había tenido. Finalmente, él y el artesano sellaron el acuerdo utilizando un producto, el metal, como **medio de intercambio.** Por aquel entonces, ni ellos ni la pequeña Niut eran conscientes, pero habían inventado el dinero.

· · · · · · · · · · · · · · · · · · ·

A los historiadores y economistas (es decir, aquellas personas que estudian la economía) todavía les cuesta ponerse de acuerdo sobre cómo debió de surgir el dinero en aquella época de la **Edad de los Metales,** pero quizá fue algo muy parecido a lo que acabamos de conocer que pasó entre Niut, su padre y el artesano alfarero. Sí, así es como nació el dinero, usando un objeto al que muchas personas le daban un gran valor como medio de intercambio para obtener otros productos, como comida, ropas o vasijas.

A lo largo del paso de los siglos, el concepto del dinero ha evolucionado mucho: por ejemplo, hoy ya no usamos piezas pesadas de metal, sino **pequeñas monedas o billetes,** y pagamos a través de dispositivos móviles sin que tengamos necesidad de tocar ese dinero. No obstante, el uso que hoy en día tiene el dinero es el mismo con el que nació en la **Edad de los Metales** gracias al ingenio de personas como Niut.

Recuerda que **no todo puede comprarlo el dinero**: a medida que vayas haciéndote adulto, te darás cuenta de ello.

¿SABÍAS QUE...?

En Mesopotamia, donde suponemos que nació el dinero, comenzaron usando **el metal** como medio de intercambio, pero no siempre se ha usado este material. Muchas otras culturas han utilizado otras materias que consideraban valiosas. Por ejemplo, en América, hace mucho tiempo, usaban granos de **cacao** o de **café**; en África, **perlas**; y en Europa, granos de **sal**. Y tú, ¿qué utilizarías como dinero hoy en día?

HAGAMOS UN REPASO

¿Qué es? Un objeto de intercambio que se puede usar
para obtener bienes y servicios o pagar deudas.

¿Quién lo inventó? Aquellas personas que, como nuestra amiga
Niut, comenzaron a usar metal como medio de intercambio.

¿Cuándo? A partir del 4 000 a. C., aproximadamente.

¿Por qué es importante? Porque facilitó los intercambios
comerciales y seguimos usándolo hoy en día para
comprar cosas.

LA ESCRITURA: EL MEDIO QUE NOS HIZO ETERNOS

Piensa un poco en qué está ocurriendo entre tú y yo en este momento. Ahora mismo, yo me encuentro en mi casa, escribiéndote esto delante de mi ordenador. A la vez, tú lo estás leyendo, no sé cuánto tiempo después de que yo lo haya escrito. Si te das cuenta, está ocurriendo un diálogo entre nosotros sin que tengamos la necesidad de hablarnos ni de coincidir en el tiempo. Esa es la magia de la escritura, el invento que nos permitió comunicarnos con personas de otros lugares o de tiempos lejanos muy muy remotos. Por ejemplo, somos capaces de leer algo que una persona escribió hace más de 5 000 años. Y, a la vez, dentro de 5 000 años podrán leer esto que estoy escribiendo ahora. Todo ello se lo debemos a la escritura. ¿No te parece alucinante? Para saber cómo y por qué se inventó la escritura, conozcamos a nuestro amigo Kushim, de once años.

· · · · · · · · · · · · · · · · · · · ·

Kushim vivió en Uruk hace unos 5 500 años. Como hemos dicho antes, Uruk era una ciudad vecina de Ur, en la que vivía nuestro amigo Nabu. Sí, seguimos en Mesopotamia, entre los ríos Tigris y

Éufrates. Como ves, Mesopotamia es la cuna de muchos inventos importantes para nosotros. Uruk tenía una población de más de 50 000 personas, kilómetros de murallas que la rodeaban y un gran sistema de riego para aprovechar el agua del río. **Asombroso, ¿eh?** Pero, además, Uruk tenía grandes palacios habitados por gente privilegiada que fue acumulando riquezas y controlando el poder en estas ciudades desde el Neolítico.

Kushim vivía con su familia junto al palacio del rey, que se encontraba en la ribera del río Éufrates. El palacio estaba rodeado de inmensos campos de cultivo propiedad del monarca, que vivía junto a su familia y sus allegados. La familia de Kushim no era campesina, pero tampoco tenía grandes privilegios. El padre de Kushim, llamado Gimsar, servía al rey como mayordomo.

Una mañana, el rey estaba enfadado con sus consejeros debido a que no lograban dar con la solución a un problema relacionado con los **impuestos** que los campesinos y artesanos le pagaban. ¿Impuestos? Sí, eso que pagáis tus padres y tú cada vez que vais a comprar al quiosco. Los impuestos existían ya hace 5 000 años. Desde que Uruk era una gran ciudad gobernada por reyes, los campesinos, los ganaderos y los artesanos **les pagaban una parte de su producción**. Si producías trigo, tenías que darle una parte al rey. Si tenías ovejas, tenías que darle una parte de la lana o de la leche, y así todo el que trabajaba.

Aquel día en que el rey andaba ofuscado, Gimsar llegó a casa para comer y le contó a su familia qué problema tenía el monarca con los impuestos.

—El rey no tiene forma de contabilizar cuánto cobra a los vecinos de la ciudad ni de recordar cuántos impuestos se habían recaudado el año anterior —dijo Gimsar.

De repente, Kushim levantó la vista del plato de lentejas y pensó en una solución.

—¿Y por qué no usa la cerámica? —propuso.

Su padre lo miró con gesto extrañado, tras lo que el pequeño Kushim se levantó de la mesa y cogió una de las piezas de cerámica cruda que su madre había dejado junto a la hoguera, lista para cocer y convertir en una pequeña vasija.

—Por ejemplo, imagina que queremos recordar que este año hemos recaudado tres montones de trigo. Podemos dibujarlo con estos símbolos en el barro para luego hornearlo y convertirlo en cerámica. ¡Así podríamos recordarlo para siempre!

A medida que lo explicaba, el chico dibujaba una espiga de trigo con un punzón en la arcilla, para luego hacer tres puntos junto a ella, quedándole algo así:

Su padre lo miró, sorprendido. Pero no fue él, sino su madre, Ester, quien pensó que aquello podía ser una muy buena solución.

Los padres no lo sabían, pero su hijo Kushim había inventado la escritura pictográfica. Aquel día fueron al palacio a presentarle el invento al rey, quien solo recibió al padre, porque Ester era mujer.

—¿Y dices que se le ha ocurrido a tu hijo? —le preguntó, observando detenidamente la vasija de arcilla en la que Kushim había escrito los primeros símbolos.

—Sí, es muy inteligente, majestad.

Así fue como Kushim se convirtió en **el primer escriba** de Uruk. ¿Escriba? Sí, una persona que escribe. Y con una persona que se dedicaba a llevar las cuentas de la ciudad, Uruk se convirtió en la ciudad más rica y poderosa de Mesopotamia por aquel entonces. Por ello, en el resto de las ciudades, como Ur o Lagash, no tardaron **en copiar el invento**. Con el tiempo, todas desarrollaron un sistema compartido de escritura, ya que a esas ciudades les interesaba comerciar entre sí y llevar las cuentas de las transacciones. Fue la primera escritura que usamos.

· ·

Varias personas ingeniosas, como quizá nuestro amigo Kushim, fueron las responsables de uno de los inventos más importantes de la historia: la escritura. Por primera vez, los humanos usamos una **nueva forma de comunicación** que duraría para siempre. Mientras las palabras eran fugaces, la escritura podía ser eterna.

Poco tiempo después de su invención, aquellas personas comenzaron a usar la escritura no solo para llevar las cuentas, sino también para dejar por escrito cuentos o leyendas. Así nació la literatura, como esas novelas que has leído y que tanto te han gustado.

Esta forma de comunicación que nació en Mesopotamia, **la escritura**, sigue siendo aquella que usamos hoy en día. La estoy usando ahora para comunicarme contigo. Y con ella, con la escritura, podemos seguir siendo eternos.

¿SABÍAS QUE...?

Kushim existió de verdad, aunque no sabemos el nombre de sus padres o cuántos años tenía al empezar a escribir. En realidad, solo sabemos su nombre, que apareció en una **tablilla de arcilla** de hace 5 500 años, en la que el escriba dejó por escrito la cantidad de una transacción de cebada. ¿Por qué es tan especial? Porque en esa tablilla, Kushim terminó dejándonos su nombre y fue el primero que se registró por escrito. Es decir, el **primer nombre** que conocimos.

HAGAMOS UN REPASO

¿Qué es? Un sistema para dejar registradas ideas, números o palabras.

¿Quién la inventó? Varias personas que intentaron mejorar la forma en la que se llevaban las cuentas de las ciudades mesopotámicas.

¿Cuándo? A partir del 3 500 a. C., aproximadamente.

¿Por qué es importante? Porque nos permitió administrar mejor las ciudades, dejar por escrito cuentos y leyendas y, por tanto, conocer mucho mejor a esas personas del pasado.

EL CALENDARIO: CUANDO APRENDIMOS A MEDIR EL TIEMPO

¿Cuál es tu día favorito del año? Seguro que tienes algunas fechas marcadas en el calendario, ¿a que sí? Por ejemplo: tu cumpleaños, el Carnaval, la Semana Santa, la feria de tu pueblo o, por supuesto, el comienzo de las vacaciones de verano. Pero déjame decirte algo: el paso de las **horas**, los **días**, los **meses** o los **años** no existe en realidad. Sí, como lo oyes. Todo ello es un invento nuestro, es decir, de los seres humanos, cuando intentamos buscar la forma de **medir el tiempo** ya en las primeras civilizaciones, como Mesopotamia o Egipto.

Pero si los días o las semanas son un invento, ¿qué existe en realidad? Pues tan solo unos fenómenos que se dan en nuestra naturaleza: el día y la noche, por un lado, y las estaciones, por otro. Seguro que en el cole ya has estudiado los movimientos de rotación y de traslación de nuestro planeta, ¿verdad? Pues de eso te hablo.

¿Cuál es el origen del **calendario**? ¿Para qué necesitamos medir el tiempo? Para responder a esta pregunta, conozcamos a nuestro nuevo amigo Tet, de quince años.

. . . .

Tet vivió en el **Antiguo Egipto** hace unos 5 000 años. Al igual que en Mesopotamia, que ya has conocido gracias a nuestros anteriores amigos, en Egipto vivían en torno a un imponente río, el Nilo, donde se crearon grandes ciudades con poderosos reyes, que se llamaban faraones. Como en las ciudades mesopotámicas, en Egipto también usaban la escritura para administrar sus reinos, aunque la egipcia era **una escritura muy curiosa**: estaba formada por unos dibujos llamados jeroglíficos, muy parecidos a nuestros emojis actuales.

La vida en el Antiguo Egipto dependía totalmente del Nilo. Gracias al Nilo, los egipcios podían practicar la agricultura y, por tanto, alimentarse. Pero el gran río tenía **un problema**: sus aguas crecían muchísimo en una época y volvían a su cauce natural después de un tiempo. Si la crecida te cogía desprevenido, inundaba las tierras de cultivo, echando a perder la cosecha. Es decir, como podrás imaginar, los egipcios tenían una gran necesidad: determinar cuándo iba a producirse la crecida del Nilo. Por eso, muchos sabios intentaron predecirlo para establecer un calendario que preparase a sus vecinos para la época de inundación. Uno de esos sabios fue un joven estudioso de los astros, nuestro amigo Tet.

Una mañana, Tet acudió al **templo de la ciudad de Menfis**, la capital del Imperio. Tras los rezos de la mañana, se paró junto a unos sacerdotes que hablaban entre ellos sobre un problema que estaba ocurriendo.

—No podemos predecir las estaciones usando las fases de la Luna, como hacen en Mesopotamia —decía uno.

—Claro, allí no deben de tener en cuenta las crecidas de sus ríos —dijo otro, en referencia al Tigris y al Éufrates, los ríos mesopotámicos.

Tet, a su lado, asintió. El joven astrónomo sabía que los mesopotámicos habían creado un **calendario lunar** basado en las fases de la Luna, que en Egipto habían intentado copiar. Pero ese calendario tenía un problema: no era útil para predecir las crecidas del gran río. De repente, el joven Tet levantó la mano y se propuso hablar.

—Puede que yo tenga la respuesta —dijo, algo nervioso.

—¿Y tú quién eres? —preguntó un sacerdote con gesto despectivo.

—Me llamo Tet y soy hijo de Teti, el astrónomo.

Al decir el nombre de su padre, un **reputado astrónomo** de la ciudad, los sacerdotes prestaron atención al chico, que estaba muy seguro de la idea que había desarrollado junto a su padre.

—Creo que la clave puede estar en la estrella Sotis —confesó.

—¿Sotis? ¿Qué ocurre con ella? —preguntó un sacerdote.

—Como ya sabéis, **Sotis** es una de las estrellas más brillantes del firmamento. Si la observamos a lo largo del tiempo, podremos ver que tiene una peculiaridad: aparece por primera vez en el cielo del amanecer, tras un tiempo ausente, coincidiendo siempre con la época de crecida del Nilo. Tal vez podamos usar a Sotis de referencia para medir el tiempo, ¿no?

Los sacerdotes esbozaron un gesto de sorpresa.

—Pues este chico ha tenido una buena idea, sí —exclamó uno de los sacerdotes.

Luego, fueron a la biblioteca de la ciudad a consultar todo lo que se sabía sobre Sotis. En la biblioteca se encontraba el padre de Tet, leyendo unos papiros.

—Así que mi hijo ya os ha hablado sobre nuestra idea para reformar el calendario, ¿no? —dijo a los sacerdotes, con gesto de orgullo.

Los sacerdotes asintieron. Durante varios días, junto a Tet y su padre, hicieron descubrimientos asombrosos. Se dieron cuenta de que cada **365 días** se repetía el mismo ciclo, y a eso lo llamaron **«año»**. Luego, dividieron el año en doce meses de treinta días, y tomaron como días festivos los cinco días que sobraban cada año.

Finalmente, se dirigieron al faraón, diciéndole:

—Con este calendario, señor, lograremos al fin predecir las crecidas del Nilo. Y no solo eso, podremos calcular el paso del tiempo de forma efectiva.

· ·

Así nació el **calendario solar**. Si te das cuenta, nuestro calendario actual es prácticamente igual al que establecieron los sabios del Antiguo Egipto hace 5 000 años. Pero a los egipcios se les pasó un pequeño detalle que a la larga sería determinante para el desarrollo de este invento: la Tierra tardaba 365 días y seis horas en dar la vuelta al Sol, y ellos no tuvieron en cuenta esas horas sobrantes. Así fue como, hace 2 000 años, hubo que reformar el calendario de nuevo.

La reforma se hizo gracias a un dirigente del Imperio romano (sí, el de los gladiadores y los legionarios) llamado **Julio César**, que añadió un día al año cada cuatro años para corregir ese error. Hablamos del 29 de febrero y del año bisiesto. Espero que no hayas nacido ese

día, porque técnicamente cumplirías años cada cuatro años, ¿sabes?

Lo importante es que en la actualiad seguimos usando ese mismo invento, **el calendario**, con el que hemos intentado medir el paso del tiempo desde hace milenios.

¿SABÍAS QUE...?

Los egipcios no fueron los únicos en inventar un calendario. Ha habido muchos en la historia, de los cuales tal vez el más conocido sea el **calendario maya**, en América. ¿Sabes por qué? Porque este calendario establecía el año 2012 como el último año, tras el que no vendría ningún otro. Si naciste en 2012 o alrededor de ese año, debes saber que mucha gente pensó que ese iba a ser el año del **fin del mundo**.

HAGAMOS UN REPASO

¿Qué es? Un medio para calcular el paso del tiempo, dividiéndolo en días, meses y años.

¿Quién lo inventó? Sabios egipcios que crearon el primer calendario solar.

¿Cuándo? A partir del 3 000 a. C., aproximadamente.

¿Por qué es importante? Porque nos ha permitido medir el tiempo, calcular fechas y saber qué día serán las vacaciones de verano de cada año.

LA PALANCA: UN INVENTO PARA MOVER EL MUNDO

¿Las **pirámides de Egipto** fueron construidas por **extraterres~ tres**? Es probable que alguna vez hayas oído esta afirmación, ¿a que sí? A ver, si nos ponemos a pensarlo, podría parecer cierto. Las pirámides de Egipto son enormes y fueron construidas hace 4 500 años. La más imponente de todas ellas, la de **Keops**, fue el edificio más alto del mundo durante 4 200 años.

Es normal que alguien piense que las pirámides egipcias no son de este mundo, pero, hazme caso, sí que lo son. Lo que ocurre es que los arquitectos que plantearon su construcción hicieron uso de un invento sencillo y revolucionario: **la palanca**. ¿Quieres saber en qué consiste? Vamos a preguntárselo a nuestra amiga Senset, de ocho años.

• • • • • • • • • • • • • • • • • •

Senset vivió en el **Antiguo Egipto** hace unos 4 800 años. Por aquel entonces, los faraones eran reyes muy poderosos que gobernaban en un extenso territorio y tenían poder absoluto sobre los demás. Además, querían ser recordados para siempre; por eso, cada faraón mandó construirse una tumba más grande que el anterior. Las pirámides eran, por si no lo sabías, tumbas en las que se colocaba su **momia** (ya sabes, el cadáver del faraón envuelto en vendas, que tanto miedo da). Pero para construir estas tumbas enormes había que hacer frente a **retos complejos**, como, por ejemplo, mover grandes piedras para instalarlas unas junto a otras.

Una mañana, el faraón que gobernaba entonces pidió ayuda a todos los hombres sabios de su corte, entre ellos al padre de Senset, que se llamaba Senu. Quería construir una enorme tumba como no se había construido otra igual. Aquel día, Senu llegó a casa dándole vueltas a la proposición del faraón. Había un gran problema: necesitaban **mover piedras enormes** y no sabían cómo. Hasta entonces habían utilizado troncos, rampas o trineos para transportar materiales, pero la pirámide que deseaba el faraón requería de algo mucho más poderoso.

Al caer la tarde de aquel día, se propuso jugar con sus hijos para despejarse un poco. La pequeña Senset, su hija menor, jugaba despreocupada con unos **muñecos de marfil y arcilla**, hasta que, al ver a su padre preocupado, le preguntó:

—¿Qué te ocurre, papi?

—Nada, cariño —respondió Senu mientras movía una de las figuras de marfil.

—Pero ¡yo quiero ayudarte! —insistió la pequeña.

Finalmente, Senu accedió a contárselo a su hija:

—El faraón quiere construir una pirámide y necesitamos mover piedras muy grandes, pero no sabemos cómo hacerlo de forma sencilla.

—¿Cómo de grandes? —preguntó la niña, sorprendida.

Su padre señaló hacia el techo de su vivienda.

—Como esta habitación.

La niña dejó a un lado sus muñecos para pensar en una solución y, de repente, tuvo una idea:

—¿Y por qué no fabricáis un **cigoñal** para mover esas piedras?

—¿Un cigoñal? —preguntó su padre, intrigado.

—Sí. Acompáñame, papá, vamos a verlo.

La niña se puso en pie y cogió la mano de su padre para dirigirlo hacia la azotea. Luego le pidió que mirase hacia la orilla del río, de donde sus sirvientes sacaban agua usando un curioso invento antiguo, el cigoñal. Consistía en un **palo largo** apoyado sobre una horquilla con un cubo atado al extremo.

—Con ese palo, el cubo no pesa y se puede sacar agua **sin dificultad**, ¿no, papá?

Senu asintió sin dejar de mirar a los sirvientes, que usaban el cigoñal para sacar agua del río con asombrosa facilidad. Hasta que exclamó:

—Claro, ¡cómo no lo había pensado antes!

Luego cogió la mano de su hija y corrieron hacia el palacio del faraón. Senu estaba convencido de que había dado con la solución al problema de la construcción de la gran pirámide.

—Señor, solo necesitamos un **punto de apoyo** —dijo, irrumpiendo en el gran salón del faraón, que se encontraba rodeado de sus consejeros.

—¿De qué hablas? Explícate, Senu.

—Ha sido gracias a mi hija, aquí presente. Ya sé cómo mover las grandes piedras que necesita para su pirámide. Basta con usar una **barra rígida** para hacer que se mueva en equilibrio sobre un punto de apoyo. Si colocamos en un extremo de la barra cualquier objeto, será mucho más fácil de mover desde el otro extremo.

—¿Como los cigoñales del río? —preguntó uno de los consejeros del faraón.

—Así es. Es algo tan sencillo que no sé cómo no se nos había ocurrido antes.

—¡Bajemos al río!

El faraón y los consejeros fueron a la **orilla del río** a comprobar la idea de Senu. El propio rey cogió uno de los cigoñales y, empujando el palo desde un extremo, hundió el cubo en el agua. Luego alzó el palo con facilidad, como si el cubo no estuviera lleno.

—Sí, la solución ha estado siempre delante de nosotros —exclamó, sonriente. Luego miró hacia Senset, que esperaba junto a su padre—. ¡Y se lo debemos a esta pequeña!

•••••••••••••••••••••

La palanca es **un invento muy sencillo**, pero no apareció hasta hace menos de 5 000 años. En realidad, no conocemos si su descubrimiento ocurrió así, pero sí sabemos que ya se usaba en el **Antiguo Egipto** para mover esas enormes piedras con las que se construyeron las grandes pirámides.

Hubo que esperar muchos siglos hasta que otro inventor hablase por primera vez de la palanca. Fue en la **Antigua Grecia**, hace unos 2 200 años, cuando el sabio **Arquímedes** estudió su funcionamiento y, según dicen, dijo una frase que pasó a la posteridad: «Dame un punto de apoyo y moveré el mundo».

Aunque esa frase es un poco una exageración (¿te imaginas el tamaño que tendría que tener una palanca para mover nuestro planeta?), sí que hemos podido mover grandes cosas gracias a algo tan sencillo como ese invento. Hoy en día, cuando construimos **enormes rascacielos** o **puentes kilométricos**, seguimos usando el mismo principio de la palanca. Así que, ya sabes: las pirámides no las construyeron los extraterrestres, sino el ingenio de personas como la pequeña Senset.

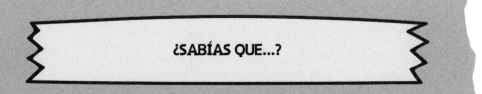

¿SABÍAS QUE...?

Arquímedes fue un sabio griego que nos dejó un montón de inventos. El más curioso de ellos podría ser la llamada **garra de Arquímedes**, que consistía en una especie de gancho que, haciendo uso de un **sistema de palanca y poleas** (otro gran invento de aquella época), era usado para levantar y luego **hundir barcos** al engancharlos con la garra. Sí, como las máquinas de gancho de las salas recreativas.

HAGAMOS UN REPASO

¿Qué es? Una barra rígida que, apoyada sobre un punto, nos permite mover pesos muy grandes.

¿Quién la inventó? Ingenieros y arquitectos que aplicaron esta idea en Mesopotamia o Egipto.

¿Cuándo? A partir del 2 600 a. C., aproximadamente.

¿Por qué es importante? Porque nos permitió realizar grandes construcciones, desde las pirámides hasta los edificios que levantamos hoy en día.

EL PAPEL: EL SOPORTE DE NUESTRAS IDEAS

Párate un momento y pasa los dedos por esta página. Siente el tacto rugoso de la **celulosa** con la que está hecha. ¿También disfrutas como yo de la lectura en papel? Aunque es cierto que leer en soporte digital tiene sus ventajas, yo soy un poco friki de los libros, y me gusta que ocupen espacio en mis estanterías.

¿Y tú? ¿Prefieres leer en papel o en digital? Para algunas cosas, como **un buen libro**, una **novela intrigante** o un **cómic,** creo que el papel sigue ganando por goleada. A pesar de que vivimos en un mundo muy digitalizado, hay muchas cosas que todavía no han sustituido los bits, como el papel con el que publicamos una novela, con el que envolvemos un regalo de Navidad o con el que nos limpiamos el trasero cuando... (bueno, ya sabes de lo que hablo, ¿no?).

El **papel** es uno de los materiales más usados desde hace un par de milenios. ¿Sabes cómo se inventó y por qué supuso una gran revolución? Para responder a estas preguntas, conozcamos a nuestra amiga Yun, de trece años.

• • • • • • • • • • • • • • • • • •

Yun vivió en la **Antigua China** hace unos 2 200 años. Hasta ahora, solo hemos hablado de lugares en el mundo más o menos cercanos entre sí: Mesopotamia, Egipto, Roma... Pero, por si no lo sabías, se estaban desarrollando otras civilizaciones muy interesantes, como en **China** o en **América**. Ojalá pudiésemos tener tiempo en el cole para estudiarlas también, pero a veces hay que seleccionar qué estudiamos sobre nuestro pasado.

En fin, China fue un gran reino cuya historia comienza más o menos a la par que la del Antiguo Egipto. En China también se crearon **grandes ciudades** con agricultura y una escritura propia.

Nuestra amiga Yun era una chica inquieta que ayudaba a su tío Han Hsin en su taller artesano. Han fabricaba tejidos de **seda**, y sus creaciones eran muy valoradas en el Imperio, pues la seda se usaba para confeccionar vestidos, instrumentos musicales o arcos. Por si no lo sabes, la seda se obtiene de unos gusanitos que producen una fibra natural que en China se usaba hace más de 5 000 años como materia prima (¿has criado alguna vez **gusanos de seda**? Cuando yo tenía tu edad, era muy típico).

Durante un invierno muy frío, Han y Yun se propusieron buscar una forma de **fabricar ropas** que abrigasen más, con las que sus vecinos y ellos mismos pudieran protegerse de las bajas temperaturas.

—¿Y si usamos los restos de los capullos de seda? —le preguntó Yun a su tío—. Tal vez con ello consigamos un tejido más denso.

El artesano miró a su sobrina con atención.

—Sí, podría funcionar —dijo.

De esta forma, Han y Yun mezclaron los **desechos del lavado** de los capullos de seda con agua y los removieron en un barreño hasta obtener un tejido apelmazado, fino y resistente. Pero no era lo que el artesano esperaba.

—Creo que no servirá de mucho —exclamó Han, decepcionado.

Pero su sobrina Yun, de pronto, tuvo una idea. Le pidió a su tío que repitiese el proceso y concluyó colando el tejido usando un **tamiz**.

—¿Qué es lo que quieres obtener? —le preguntó su tío.

—Puede que no hayamos fabricado un tejido más cálido —respondió su sobrina—, pero quizá hayamos dado con un soporte para **escribir**.

—¿Escribir? —preguntó Han, cogiendo el producto y sorprendiéndose por el resultado final: era un tejido compacto pero fino y resistente.

—¡Sí, podría funcionar! Iré a hablar con el gobernador de la ciudad, ¡seguro que le interesará nuestro descubrimiento!

Pero, a pesar del entusiasmo de tío y sobrina, el invento no tuvo mucho éxito, porque seguía siendo difícil de obtener, ya que había que usar la seda. Hubieron de pasar muchos años, más de un siglo, para que el papel se desarrollase finalmente.

Fue gracias a un artesano llamado **Cai Lun**, que tenía muy buena relación con el emperador He. El emperador, cansado de manejar tablillas de marfil, madera y bambú para escribir, encargó a Cai que buscara un **material de escritura más ligero**. De pronto, Cai recordó una historia que oyó de pequeño: la del descubrimiento de Han Hsin. De esta forma, Cai Lun se propuso fabricar un tejido de

escritura que mejorase el invento de Han y su sobrina Yun. Lo consiguió mezclando corteza interior del árbol de la morera, bambú y cáñamo, más los restos de trapos de tela y redes de pesca. Así, Cai Lun obtuvo el primer papel de la historia a partir de **fibras vegetales**, tal como seguimos haciéndolo hoy en día.

• • • • • • • • • • • • • • • • • • •

Como has podido comprobar, el invento del papel ocurrió de casualidad, como otros tantos inventos de la historia. Cai Lun pasó a la gloria como el inventor del papel, pero pocos se acordaron de Han Hsin. En la historia, hay sobrados ejemplos de inventores e inventoras que quedaron **relegados al olvido**.

Pero ¿sabes qué es lo más curioso sobre el papel? Que tardó siglos en llegar a Europa, porque aquí se seguía usando el **pergamino** como soporte. El papel comenzó a utilizarse en el continente europeo a partir del siglo XI, mil años después de que lo crearan sus intrépidos inventores. Pero, en cuanto llegó a nuestras vidas, se quedó para siempre.

El papel no solo se usa para los **libros**, sino que lo usamos para decorar paredes, filtrar café y té, empaquetar leche, zumo o limpiarnos. E incluso, ¿sabes qué? Fabricamos **dinero** con papel, como esos billetes que guardas en tu hucha. Como ves, el papel se ha convertido en un **elemento imprescindible** de nuestras vidas.

¿SABÍAS QUE...?

Durante siglos, los chinos mantuvieron en secreto la receta para fabricar papel, pero en el año 751, tras la **batalla de Samarcanda** contra los árabes, el secreto cayó en manos de estos, y lo llevaron a **Europa** y otros lugares. Si los árabes no hubiesen ganado esa batalla, quizá hoy no usaríamos el papel.

HAGAMOS UN REPASO

¿Qué es? Un material de escritura hecho con fibras vegetales.

¿Quién lo inventó? Dos artesanos de la Antigua China: Han Hsin y Cai Lun.

¿Cuándo? Entre el siglo II a. C. y el siglo I d. C.

¿Por qué es importante? Porque es el soporte que permitió la publicación de libros en masa y tiene otros muchos usos.

LA BRÚJULA: EL GPS DE LA ANTIGÜEDAD

Si algún día te ves perdido en una ciudad y tienes a mano un teléfono móvil, en realidad el GPS podría llevarte a cualquier sitio. Este es un invento maravilloso del que sin duda también podríamos hablar en este libro. Pero ahora, piénsalo: cuando yo tenía tu edad y tus padres tenían algunos años menos que ahora, no era tan común tener acceso a la tecnología GPS para orientarse en un callejero o ir de una ciudad a otra a través de carretera. Para ello, usábamos mapas en papel. Pero te habrás preguntado alguna vez cómo se orienta uno si no tiene un mapa delante o si el lugar en el que está no aparece en los mapas, ¿verdad? Pues todavía hay un invento que podrá sacarte de ese aprieto. Un invento que tiene mil años y que cambió el rumbo de los viajes y las comunicaciones: la brújula. Para conocerlo mejor, volveremos a ir a la Antigua China de nuestra nueva amiga Shui, de catorce años de edad.

· · · · · · · · · · · · · · · · · · · ·

Shui vivió hace 2 000 años en una próspera ciudad de Xianmeh, donde los comerciantes y mercaderes iban y venían con sus barcos cargados de sedas, especias o joyas. El padre de Shui, un artesano llamado Suke, ayudaba en la reparación de los barcos que realizaban expediciones comerciales con otras tierras del **mar de la China Meridional**, del mismo modo que, en este lado del mundo en el que estamos, los barcos de los griegos o los romanos navegaban por el **mar Mediterráneo** y llegaban a las costas de la península ibérica.

Para orientarse en el mar, los navegantes chinos se guiaban por los vientos que empujaban sus velas, que en verano iban hacia el **norte** y en invierno hacia el **sur**. Como podrás imaginar, les era muy difícil orientarse en el mar y, a veces, los barcos se perdían y no sabían llegar a su puerto.

—Dicen que un barco ha estado a punto de **hundirse** con la última tormenta —dijo Suke a su familia en mitad de una comida familiar—. Ojalá puedan encontrar una forma de orientarse mejor.

Shui oyó el lamento de su padre y se quedó pensativa.

• • • • • • • • • • • • • • • • • • • •

Desde que era una niña, a Shui le encantaba acompañar a su padre en el taller: trabajaba la madera o elaboraba utensilios de metal. Incluso una mañana hizo pellas en la escuela y se quedó en casa para ayudar a su padre.

Suke estaba trabajando esos días en la confección de collares que le había encargado un rico comerciante. Le pidió a Shui que arrojase al horno una palada de las **piritas de cobre** que tenía en una cesta y que se obtenía en unas minas cercanas. La chica asintió y hundió la pala en la cesta, y se quedó mirando a una de las **piedras de cobre** que era diferente a las demás.

—Padre, ¡mira esto! —le dijo.

Suke se acercó a la chica y miró esa piedra extraña, que tenía pegado un clavo de cobre que se habría caído a la cesta. Sin que pudiesen explicar por qué, la piedra había atraído al clavo, como **por arte de magia**.

Sorprendidos, padre e hija fueron a visitar a Son, un anciano sabio y muy respetado en el pueblo que vivía a dos manzanas de su casa.

—Esto no es cobre —respondió el sabio, mirando la piedra con curiosidad—. Es una piedra de **magnetita**. Cuentan los antiguos que tiene la propiedad de **atraer el hierro**.

El anciano cogió la aguja con la que su mujer estaba cosiendo unos vestidos y la acercó a la magnetita. De nuevo, ocurrió la magia.

—Pero ¿sabéis qué es lo más interesante? —preguntó el sabio—. Recuerdo haber oído que alguien, hace muchos años, ya hizo un experimento con una aguja pegada a una magnetita como esta.

El sabio se puso en pie y fue a por un recipiente de cerámica que llenó con un poco de **agua**. Luego, puso la **aguja** en el agua y comprobaron que esta se movía sobre el agua, como si siguiese buscando la magnetita.

—Lo más curioso es que, si os fijáis, la aguja ya no apunta a la magnetita. ¿Sabéis a qué apunta? —preguntó el anciano.

Ni Shui ni su padre supieron qué responder.

—Apunta siempre al **sur**, esté donde esté. Hay quien ha usado esta reacción para adivinar la suerte. Pero yo creo que puede tener otros usos, ¿no os parece?

De pronto, Shui pegó un brinco y dijo que había tenido una idea. Su padre y el anciano la miraron extrañados.

—¿Recuerdas que dijiste que habría que encontrar una forma de que los barcos se orientasen en el mar? Pues imagina si usaran una aguja frotada con **magnetita**. Si siempre apunta al sur, podrían saber siempre adónde se dirigen, ¿no?

—¡Sí! —respondió el anciano, maravillado por la inteligencia de la joven—. ¿Cómo no se nos ha ocurrido antes?

● ● ● ● ● ● ● ● ● ● ● ● ● ● ● ● ● ● ● ●

Así tuvo que inventarse la brújula. Algo tan sencillo como una aguja imantada que, si tiene completa libertad de movimiento, se coloca aproximadamente en la **dirección norte~sur**, siguiendo las líneas del **campo magnético** de la Tierra. Shui y su padre no lo sabían por aquel entonces, pero nuestro planeta tiene sus propios imanes: campos magnéticos en el **polo norte** y en el **polo sur**. Gracias a una persona curiosa y observadora como Shui, los chinos comenzaron a usar la brújula para orientarse en sus viajes por tierra o por mar.

Como muchos de los inventos de la Antigua China, la brújula no tardó en llegar a Europa, donde continuó perfeccionándose. Gracias a ella, pudimos realizar grandes navegaciones y volver a casa después de travesías lejanas. Los europeos llegaron a los confines del mundo usando una brújula, como la que **Cristóbal Colón** tenía cuando capitaneó sus barcos para llegar a **América**. Sin la brújula, quién sabe si hubiésemos podido llegar tan lejos.

¿SABÍAS QUE...?

Construir una **brújula casera** es mucho más fácil de lo que crees. Solo necesitas un imán, una aguja, un corcho y un cuenco con agua. Frota la aguja unos segundos con el imán, coloca el corcho sobre el agua y a continuación deja caer la aguja sobre él. Verás que, automáticamente, se alinea para apuntar a la **dirección norte~sur**. Hala, ya sabes que nunca podrás perderte en alta mar.

HAGAMOS UN REPASO

¿Qué es? Una aguja imantada que, con libertad de movimiento, apunta al norte y sur magnéticos.

¿Quién la inventó? Personas que en la Antigua China experimentaron con la magnetita, un mineral que imanta el hierro.

¿Cuándo? En el siglo XI, cuando se usaron las primeras brújulas.

¿Por qué es importante? Porque permitió orientarse a los viajeros y, gracias a ello, realizar expediciones cada vez más largas.

LA PÓLVORA: DE LA INMORTALIDAD A LA GUERRA

¿Te gustan los **fuegos artificiales**? A mí, cuando tenía tu edad, me encantaba disfrutar de un espectáculo de **pirotecnia**, con esas imponentes luces que resplandecían en el cielo y parecían cubrir por completo el firmamento. Aún hoy, tantos años después, me quedo como embobado mirándolas. Pues bien, ¿sabes qué? Los fuegos artificiales en realidad no se inventaron para realizar preciosos espectáculos de luces. Tampoco se inventaron buscando la forma de hacer fuego o explosiones. Su invento fue una casualidad, como otras tantas que han ocurrido en la historia y de las que ya has leído un poco en este libro. ¿Sabes qué buscaban sus inventores en realidad? Pues nada menos que la fórmula para obtener la **inmortalidad**. Sí, como lo oyes. Déjame ahora hablarte del invento de la **pólvora** gracias a nuestro amigo Yao, de dieciséis años.

• • • • • • • • • • • • • • • • • • • •

Yao vivió en la **Antigua China** hace unos 1 200 años. Como ya sabes, mientras en Europa nos encontrábamos con la aparición de los reinos medievales, castillos, caballeros y damas, en China se

71

desarrollaba una poderosa civilización con la que los europeos apenas habían tenido contacto por el momento. Por ejemplo, ya sabes que los chinos inventaron el papel con una fórmula que mantuvieron en secreto como si fuese la de la Coca-Cola, hasta que los árabes se la arrebataron. Otra fórmula que descubrieron los chinos fue la de la pólvora, que cambiaría el mundo por siempre.

Yao era un joven aprendiz de alquimista en el taller de su abuelo Zong, uno de los más reputados de todo el Imperio. ¿Sabes qué es un alquimista? Tal vez no, porque ya no existe ninguno, o al menos que sepamos. Los alquimistas eran científicos que en el mundo antiguo se propusieron encontrar la fórmula para crear uno de los objetos más legendarios jamás imaginados: la piedra filosofal (sí, como el primer libro de Harry Potter). Según la leyenda, la piedra filosofal podría darle la vida eterna a su portador. Pero esa piedra no se encontró jamás (bueno, que nosotros sepamos) a pesar del esfuerzo que hicieron miles de alquimistas a lo largo de la historia. No obstante, aunque nunca consiguieron su objetivo, investigaron muchísimo sobre química y, de hecho, se consideran los primeros grandes científicos de la historia.

A pesar de la juventud de Yao, a sus dieciséis años ya lo había aprendido prácticamente todo de su abuelo. Por eso ya se atrevía a hacer sus propios experimentos con algunos productos químicos, a pesar de que su abuelo le pedía que tuviese prudencia.

—Algunos elementos pueden tener reacciones peligrosas, Yao —le advirtió.

Pero Yao estaba empeñado en ser él quien diese con la fórmula de la inmortalidad. Desde hacía algún tiempo, había estado experimentando con el **salitre**, un ingrediente que hoy conocemos como **ni-trato de potasio**. Yao estaba convencido de que la fórmula para obtener la inmortalidad debía contener salitre.

—Sí, hazme caso, abuelo —le pidió a su abuelo Zong, intentando convencerlo de que su idea funcionaría.

Yao probó a mezclar el salitre con otros componentes, aunque las reacciones no tenían el resultado que buscaba. Pero el joven era un científico obstinado. Hasta que en una ocasión, probó a mezclar sa-litre con **carbón y azufre**.

—¡Esta fórmula tiene que funcionar, abuelo! —exclamó.

Pero tampoco funcionó. Yao se desanimó y se olvidó por unos días de la mezcla que había obtenido, que había dejado sobre un reci-piente en su taller. Hasta que, una mañana, ocurrió sin quererlo. Encendió una llama para calentar otra fórmula en la que trabajaba y, accidentalmente, acercó el fuego a la mezcla de salitre, carbón y azufre. Y...

¡Boom!

Al acercar la llama, el recipiente explotó con un estallido violento con el que Yao estuvo a punto de perder más de una extremidad.

—Pero, hijo, ¿qué ha pasado? —preguntó su abuelo, que corrió al taller al oír la explosión.

Ayudó a Yao a ponerse en pie y le curó las heridas.

—No he obtenido la fórmula para la inmortalidad, abuelo. Pero creo que he inventado otra cosa —dijo Yao.

—¿El qué? —preguntó su abuelo Zong.

—La fórmula para hacer explosiones —respondió el joven alquimista.

• • • • • • • • • • • • • • • • • • • •

Yao había inventado la **pólvora**, aunque, como ya sabes, ese no era su principal objetivo. Poco después dejó escrita la fórmula, que aún hoy podemos utilizar: «75 partes de salitre, 15 partes de carbón y 10 partes de azufre». (Pero espera, no se te ocurra usarla, ¿eh? A ver si me voy a meter en un lío). Él no fue consciente de que su invento casual iba a cambiar el mundo algunos siglos después.

Una vez se conocieron en China las propiedades y características de ese polvo de color negro que explotaba y hacía un ruido de mil demonios, no pasó mucho tiempo hasta que comenzaron a encontrarle diversas utilidades. Primero, la de crear **fuegos artificiales** (sí, como los de hoy), y luego, el **uso militar**. Unas décadas después del invento de Yao, los ejércitos chinos crearon las primeras armas de fuego empleando la pólvora, a través de pequeñas bombas que lanzaban con catapultas y causaban un gran terror entre sus enemigos (solo tienes que imaginártelo, ¿a que sí?).

Algunos siglos después, la pólvora llegó a Europa gracias a un tercer pueblo, en este caso, los temibles mongoles. En cuanto los europeos comenzaron a dominar este invento que venía del lejano Oriente, su civilización ya nunca fue igual. La pólvora cambió radicalmente el concepto de la guerra que se tenía hasta entonces, revolucionó las armas y aparecieron los **cañones**, las **pistolas** o los **fusiles**, y obligó a que se repensaran todas las estrategias de combate. La muerte ya nunca fue igual.

Lástima que un invento que en origen buscaba la fórmula para la inmortalidad, acabase siendo usado para acabar con la vida de tantas personas a lo largo de la historia, ¿no crees?

¿SABÍAS QUE...?

La pólvora tiene un reconocible olor a **azufre**. ¿Y sabes qué huele muchísimo a azufre? La **Luna**. Sí, como lo oyes. Aunque pocas personas han podido saber a qué huele la Luna, los pocos que han viajado hasta allí sí lo han reconocido. Por ejemplo, los astronautas del **Apolo 16** aseguraban que olía a pólvora quemada. Tal vez en el futuro podamos viajar a la Luna para averiguarlo.

HAGAMOS UN REPASO

¿Qué es? Un compuesto que explota de forma rápida y violenta.

¿Quién la inventó? Alquimistas chinos que intentaban buscar la fórmula de la piedra filosofal.

¿Cuándo? En el siglo IX a. C.

¿Por qué es importante? Porque revolucionó la guerra, ya que permitió la invención de las armas de fuego.

LA IMPRENTA: EL INTERNET DE HACE 600 AÑOS

Cada vez que quieres saber algo, tal vez vayas a Google y le preguntes. O consultes un libro como este. Date cuenta de una cosa: tienes acceso a la **información** que quieras al instante. Abres un libro y ahí está. Haces clic y ahí la tienes. Esto es increíble, ¿sabes? Durante la mayor parte de la historia, la información estaba en manos de unos pocos, que la guardaban con gran celo. Por eso, las personas no solían saber leer ni escribir, ni tampoco mejorar su situación social. ¿Cómo podía un chico campesino de la Edad Media dejar de ser campesino? Pues, aunque suene un poco triste, no podía hacer nada. Tú, en cambio, sí puedes superar la situación económica de tus padres si te esfuerzas para conseguirlo. ¿Cuál es la principal diferencia entre aquella época y la actual? La siguiente: el acceso a la información gracias, sobre todo, al invento de la **imprenta**. Para saber qué fue la imprenta, conozcamos a nuestro nuevo amigo Johannes, de quince años.

• • • • • • • • • • • • • • • • • • •

Johannes fue un joven **joyero** que vivió hace 600 años en la ciudad alemana de **Maguncia**. Por aquel entonces, los europeos estaban dejando atrás una época de crisis causada por una pandemia, la de la **peste negra**, una enfermedad infecciosa que mató a un tercio de la población europea. Cuando la peste quedó atrás, la gente comenzó a vivir con mayor prosperidad. Por ejemplo, la familia de Johannes pertenecía a esa clase de personas cuyo poder económico no se basaba en poseer tierras o dominar castillos, sino que poseía dinero que invertían en actividades con las que obtenían un beneficio mayor, como el comercio o la banca. La clase social que los historiadores llaman **«burgueses»**.

El padre de Johannes, llamado Friedrich Gutenberg, era un comerciante que se dedicaba a la fabricación y la venta de joyas. Tenía un pequeño taller e iba a los mercados a vender sus productos. Eso le permitió darle una **buena educación** a su hijo Johannes, algo que no todas las familias podían conseguir. De hecho, solo una minoría podía hacerlo. ¿Qué interés tenía Friedrich en que su hijo estudiara? El joyero quería que su hijo dirigiese el negocio familiar en condiciones, así que este no solo debía aprender sobre la orfebrería, sino también sobre finanzas, contabilidad o leyes. Así fue como Johannes fue a la **Universidad de Erfurt**, una de las primeras universidades alemanas, a pesar de su resistencia inicial.

—Pero, padre, ¿qué se me ha perdido a mí en la universidad? Yo quiero seguir aprendiendo contigo, en el taller —le dijo Johannes a su padre.

Pero Friedrich lo convenció con estas palabras:

—Aunque ahora te es difícil comprenderlo, la universidad te dará unos conocimientos que jamás podrás encontrar aquí. No pierdas esta oportunidad, hijo.

Johannes finalmente accedió. En cuanto comenzó a estudiar, el joven se dio cuenta de que su padre tenía razón. Y quiso aprender más y más. Pero tenía una idea en mente a la que no dejaba de darle vueltas, y tenía que ver con los **libros**. Una vez, cuando fue a pedir un libro para estudiar, el bibliotecario le dijo:

—Lo siento, de ese libro no tenemos ninguna copia. Tendrás que ir a la Universidad de Múnich para conseguirlo.

Johannes mostró un gesto de decepción. En la universidad había una biblioteca con muchos libros, pero no había tantos como él quería, o no tantos como sus estudiantes necesitaban. Por aquel entonces, para que una biblioteca tuviese libros, había que **copiarlos a mano**.

—¿Y no hay otra forma de copiar los libros más rápido? —le preguntó Johannes al bibliotecario.

—Qué va. Los libros se copian a mano desde hace siglos, gracias a la labor de los **copistas**. Pueden tardar años para terminar un solo libro.

Johannes asintió. Hasta que, de repente, una pregunta le sobrevino:

—Entonces, como los libros se copian uno a uno, ¿cuánta gente puede leer?

—Pues muy poca, como podrás imaginar —respondió el bibliotecario.

Aquella mañana, Johannes volvió a casa preguntándose si podría haber una manera de que los libros se copiasen más rápido y que hubiese más libros para mucha más gente. Así fue como, tras mucho trabajo y esfuerzo, Johannes realizó uno de los inventos más importantes de la historia: la **imprenta**.

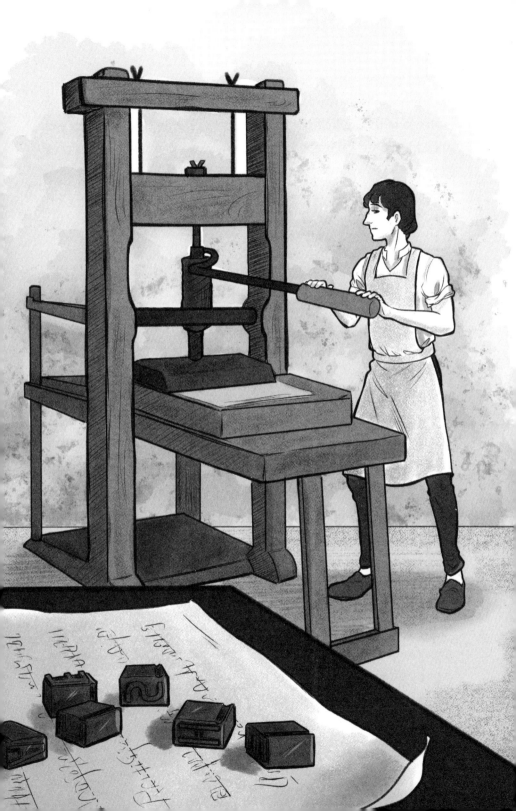

—Mira, padre —le explicó a Friedrich cuando logró imprimir las primeras páginas con su invento—. Esto es la imprenta. Consiste en un sistema para imprimir páginas de libros usando tinta china y el mecanismo de las prensas de las uvas, con las que los viticultores aplastan la uva para lograr el vino.

Friedrich miró el invento, sorprendido. Su hijo había demostrado un gran ingenio aplicando a los libros la mecánica de la prensa de las uvas.

—¡Enhorabuena, hijo! ¡Qué orgulloso me siento de haberte enviado a la universidad! ¡Este invento cambiará el mundo! —exclamó.

• • • • • • • • • • • • • • • • • • • •

Si el padre de Johannes realmente enunció estas palabras, sabemos que tuvo mucha razón. El invento de la imprenta parece algo sencillo, pero cambió el mundo por siempre. Expandió el conocimiento e hizo que mucha gente descubriese culturas o ideas antiguas que se creían perdidas, como los tratados políticos, filosóficos o científicos.

¿Te puedes imaginar la emoción que sintieron tantos amantes del conocimiento cuando de pronto podían tener tratados de historia, de medicina o las leyes en su propia casa? Más o menos, la misma emoción con la que hoy, 600 años después, puedes acceder a cualquier información casi al instante gracias a internet, un invento del que hablaremos más adelante. Gracias a la imprenta, los libros conquistaron el mundo y nos hicieron un poco más libres. Por algo «libro» y «libre» se parecen tanto, pues solo cambia la última letra. Y ello se lo debemos a la imprenta.

¿SABÍAS QUE...?

El primer libro que imprimió Johannes Gutenberg fue la **Biblia**. Hoy en día, sigue siendo el libro que más se ha copiado del mundo, con entre 3 000 y 6 000 millones de impresiones. Seguro que Johannes habría sufrido para imprimir *En busca del tiempo perdido*, de un escritor francés llamado Marcel Proust, nada menos que el **libro más largo** de la historia, con 3 031 páginas.

HAGAMOS UN REPASO

¿Qué es? Un mecanismo para copiar libros rápidamente.

¿Quién la inventó? Johannes Gutenberg, un artesano y estudioso alemán.

¿Cuándo? En el año 1440.

¿Por qué es importante? Porque expandió los libros y, con ello, el conocimiento, que fue mucho más accesible para todos.

EL TELESCOPIO: UN OJO PARA MIRAR AL UNIVERSO

¿Alguna vez has mirado el **cielo** en una noche despejada? A veces nos fascinamos con cosas increíbles que hemos creado y solemos olvidar que el mayor espectáculo que podemos apreciar ocurre encima de nosotros, en el propio cielo.

Te voy a confesar algo que tal vez te haga gracia. Cuando yo era pequeño, y cuando digo pequeño me refiero a cuando tenía tres o cuatro años, una noche de verano miré al cielo y les pregunté a mis padres si las **estrellas** eran mecheros encendidos ahí arriba. Ellos se rieron y a menudo siguen recordándome esa pregunta infantil.

No, las estrellas no son mecheros encendidos, sino **astros luminosos** esparcidos por el universo. Pero si no se hubiese inventado un instrumento a comienzos del siglo XVII, tal vez seguiríamos sin saber qué son en realidad. Y, por supuesto, no las hubiésemos visto con el detalle con el que hoy podemos hacerlo. ¿Sabes de qué hablamos? Sí, del **telescopio**. Para saber cómo se inventó, conozcamos a un nuevo amigo, William, de ocho años.

• • • • • • • • • • • • • • • •

William vivió hace unos 400 años en **Middelburg**, en los actuales Países Bajos. Su padre era Hans Lippershey, un afamado óptico de la ciudad. Al igual que la familia de nuestro anterior amigo, Johannes Gutenberg, la del pequeño Will (así lo llamaban en casa) era una familia burguesa que se dedicaba a un oficio reputado. En este caso, su padre era el encargado de fabricar **lentes** para corregir problemas de vista, es decir, las gafas, como las que quizá necesites tú para leer este libro.

Hans Lippershey era un maestro de la **óptica** y abrió una tienda cuyas lentes eran muy conocidas en la ciudad de Middelburg. Tenía lista de espera para atender a aquellos vecinos de la ciudad que tenían problemas de visión.

Las **gafas** se inventaron varios siglos antes de que naciera William. También podríamos haber hablado de ellas en este libro, pues sin duda fueron un invento que también cambió la vida de las personas, sobre todo de aquellas que habían comenzado a perder la vista o que nacieron sin ver tres en un burro.

A veces, los hijos de Hans —dos chicas, Agnes y Anke, y el pequeño William— acudían al taller a ver trabajar a su padre. Agnes, la mayor, ya hacía sus pinitos atendiendo en la tienda, pues tenía trece años y era hora de que se propusiera ayudar en el **negocio familiar**. Mientras ello ocurría, Anke y Will aguardaban en el taller, rodeados de múltiples aparatos y cachivaches que su padre les prohibía tocar bajo pena de castigo.

—¡Como me rompáis algo, no volveréis a ver la luz del sol! —les amenazaba Hans.

Pero los niños no podían estarse quietos mucho tiempo. Un día, cuando Hans y Agnes volvieron a la tienda a atender a un nuevo cliente, Anke empezó a bromear con Will. Se puso **unas lentes** frente a los ojos e imitó con un mohín a los señores ricachones de la ciudad. El hermano pequeño se rio tanto que acabó golpeando una estantería con varias lentes ópticas, que se cayeron al suelo estrepitosamente.

—¡Qué torpe eres! —le recriminó Anke, temiendo que su padre hubiese oído el incidente desde la tienda.

Pero no fue así. Por suerte, ninguna de las lentes se rompió, y los niños corrieron a recogerlas del suelo para devolverlas a la estantería. William recogió un par de ellas hasta que, de repente, algo llamó su atención.

—¡Mira!

El pequeño tenía en la mano una lente **cóncava** y otra **convexa**. Si colocaba una delante de otra y observaba hacia el otro lado, podían ver mucho más allá con gran detalle.

—¡Qué curioso! —exclamó Anke.

Ninguno sabía exactamente para qué servían ambas lentes. Su hermana Agnes, en cambio, sí podía recitarlo de carrerilla delante de sus clientes:

—La cóncava sirve para corregir la **miopía** y la convexa para la **presbicia**.

William corrió a mirar por la ventana, por si su descubrimiento servía para ver más allá de la palma de su mano. Colocó una lente delante de otra y miró hacia la veleta de una torre cercana.

—¡Se ve con detalle! —exclamó, sorprendido.

Luego miró su hermana Anke, que comprobó que **la veleta** de aquel torreón podía advertirse como si estuviese a tan solo unos metros.

—¡Es increíble!

Excitados ante el repentino descubrimiento, los niños corrieron hacia la tienda, donde su padre y su hermana atendían a uno de esos ricachones que los niños habían imitado segundos atrás.

—¡Padre, padre, rápido! ¡Hemos hecho un descubrimiento fabuloso!

Hans, finalmente, dejó a su hija a cargo de la venta y, tras regañar a sus hijos por haberle interrumpido, les dijo:

—¡Espero que merezca la pena!

Y por supuesto que valió la pena, porque no tardaría en agradecer el ingenio de Anke y Will. Los niños no podían haberlo sabido, pero, con ese descubrimiento casual, habían inventado el **telescopio**.

• • • • • • • • • • • • • • • • • • • •

Históricamente, se atribuye a **Hans Lippershey** el invento del telescopio y, según cuentan, fue gracias a ese descubrimiento casual de sus hijos. Pasarían algunos años hasta que uno de los mayores científicos de la historia oyese hablar del invento de Lippershey y lo perfeccionara. Era **Galileo Galilei.**

Con el telescopio mejorado, Galileo fue el primero en revelar secretos del cielo tales como las fases de Venus, las altas montañas lunares o los cuatro satélites principales de Júpiter, así como la extraña forma de Saturno o las enigmáticas manchas solares. Hoy en día, el telescopio es una herramienta fundamental para seguir oteando el espacio y **descubriendo el universo** desde nuestro pequeño hogar: la Tierra. Si podemos continuar enviando expediciones al espacio, o si en el futuro podemos colonizar otros planetas, será gracias a aquellas primeras personas que pudieron mirar el cielo con un telescopio.

¿SABÍAS QUE...?

El **telescopio** de Galileo Galilei era capaz de ver con nitidez astros a millones de kilómetros. El telescopio más poderoso del mundo lo hemos conocido muy recientemente: es el James Webb, presentado en sociedad en el año 2021. Con él, los científicos prevén investigar **otras galaxias** y **agujeros negros** que se encuentran a más de 13 000 millones de años luz.

HAGAMOS UN REPASO

¿Qué es? Un mecanismo de lentes para ver con nitidez en la lejanía.

¿Quién lo inventó? El óptico Hans Lippershey es considerado su primer inventor.

¿Cuándo? En el año 1608.

¿Por qué es importante? Porque nos permitió ver por primera vez los astros del cielo y comenzar a investigar sobre nuestro universo.

LA MÁQUINA DE VAPOR: LA REVOLUCIÓN DEL TRANSPORTE

¿Has viajado alguna vez en tren, en coche o en avión? Tal vez te haya tocado hacer un viaje largo en **automóvil**, escuchando la música que tu padre o tu madre pone en el reproductor, cantando canciones un poco carcas o quedándote embobado mirando el paisaje de la carretera. A mí me encanta viajar, ¿y a ti? Seguro que también.

Tal vez pienses que durante toda la historia las personas hemos viajado con la misma facilidad que ahora. Sí, ya sabes, compras un billete de **tren** o de **avión**, aguardas unas horas de trayecto y *voilà!* Estás en un lugar distinto a cientos de kilómetros de tu casa. Pues bien, déjame decirte que poder viajar con la comodidad y la rapidez con la que lo hacemos ahora es solo cosa de las últimas décadas. No hace mucho, los seres humanos nos movíamos únicamente a la velocidad de nuestros pies o de uno o varios caballos. ¿Cuándo ocurrió la revolución de los transportes? Gracias a otro de los inventos que cambiaron el mundo: la **máquina de vapor**. Para conocerlo, déjame que te presente a nuestro nuevo amigo James, de diez años.

• • • • • • • • • • • • • • • • • • •

James Watt vivió hace unos 270 años en una localidad escocesa, en una familia acomodada de reputados ingenieros (como su padre) y profesores (como su abuelo). A pesar de ello, la educación de James recayó sobre todo en su madre, ya que era un niño con un delicado estado de salud y apenas pudo ir a la escuela: solía resfriarse con facilidad y sufrir dolores de cabeza o ataques de tos incontrolables.

Como estaba siempre en casa, se pasaba el día curioseando entre los inventos de su padre, James, que **reparaba barcos** como ingeniero naval y construía algunos dispositivos para la navegación, como la **brújula**, cuyo inventor ya has conocido. Por ello, el pequeño James desarrolló desde niño una gran curiosidad por muchos de los inventos que lo rodeaban.

Una tarde, a la hora del té, el pequeño James se sentó en la mesa del comedor de su casa, frente a sus padres. Mientras se llevaba un dulce a la boca, la sirvienta de la familia se acercó a la mesa y dejó ahí la **tetera**, que acababa de retirar del fuego.

Su padre les contaba cómo había ido su jornada esa mañana, pero el pequeño James no atendía a sus palabras. Se había quedado embobado mirando la tetera, de cuya boquilla salía el **vapor de agua** que se condensaba ahí dentro junto al té, y que empujaba hacia el exterior con fuerza en forma de humo. De pronto, puso el dedo en la boquilla y sintió el calor del vapor.

—¡Cuidado, James! —le recriminó su madre—. ¡Te quemarás el dedo!

El niño lo apartó deprisa, pero de repente había tenido una idea. Cogió la cucharilla que la sirvienta había dejado junto a la taza de té y colocó su dorso taponando la boquilla de la tetera.

—¿Qué haces, hijo? —le preguntó su padre, curioso.

James esperó unos segundos hasta que quitó la cucharilla de la boquilla y comprobó que el vapor salía con mucha más fuerza e intensidad que antes. Sonrió y dijo:

—¿Lo has visto, padre? El vapor podría ser una **poderosa fuente de energía**.

—Eso ya lo sabían los antiguos egipcios, hijo mío —respondió su padre—. Herón de Alejandría ya había creado una máquina que usaba el vapor para generar **movimiento**. Lo difícil, pequeño James, es controlarlo. Nadie lo ha conseguido aún, ¿sabes?

Su hijo asintió, pensativo. Desde entonces, no dejó de darle vueltas a esa idea: usar el vapor como **fuente de energía**. Algún tiempo después, y con la firme intención de convertirse en inventor, James fue a la escuela y luego comenzó a trabajar en su propio negocio de fabricación de instrumentos.

Por aquel entonces, otros inventores habían intentado crear una máquina de vapor, aunque, tal como le había dicho a James su padre, les había resultado muy difícil. Un día, James Watt fue a ver la máquina de vapor que había creado un inventor llamado Thomas Newcomen, que se había comenzado a usar para extraer agua de las minas.

Había un modelo de esa máquina en la Universidad de Glasgow y James conocía a un estudiante de allí.

—Pero esta máquina tiene un problema —le dijo su amigo, el estudiante—. Es muy difícil aprovechar el vapor, que se desperdicia constantemente, pues la máquina **se enfría con rapidez**. Si lográsemos usarla de forma eficiente, podríamos incluso impulsar carruajes con ella y sustituir a los caballos. Pero, por el momento, no nos sirve para mucho.

James Watt asintió, examinando la máquina de Newcomen. Hizo algunos bocetos y durante semanas y semanas buscó la forma de mejorarla. Finalmente, y mientras daba un paseo y meditaba sobre la máquina, dio con la solución.

—¡Ya lo tengo! —dijo para sí.

Fue a la Universidad de Glasgow para encontrarse con su amigo.

—Si creamos un **condensador de vapor** separado de la máquina, el vapor podrá aprovecharse mucho mejor, pues no se desperdiciará y mantendrá siempre la máquina a la misma temperatura.

Su amigo lo miró, asombrado. James Watt había dado con la clave para, después de tantos siglos, poder aprovechar el vapor como energía.

· ·

James Watt no inventó la máquina de vapor, pero sí logró perfeccionar su uso. Con ello revolucionó nuestras vidas, pues el vapor se convirtió en la gran energía del mundo por aquel entonces. Algunos años después, la máquina de vapor se usó para crear el ferrocarril y el barco de vapor, así como otros tantos inventos. A todo el extraordinario periodo de cambios que provocó el desarrollo de la máquina de vapor es a lo que los historiadores llaman **Revolución Industrial**, y la mayor parte de los inventos que verás a continuación provienen de este periodo.

Un periodo que comenzó con algo muy simple: cuando un niño como tú sintió curiosidad por el **vapor** de una tetera.

¿SABÍAS QUE...?

El vapor hizo que las cosas, de repente, fuesen muy deprisa. Gracias al invento del **ferrocarril**, las personas podían recorrer largas distancias como nunca antes había ocurrido en la historia. Por ejemplo, los estadounidenses tardaban siete días en cruzar su país. ¿Sabes cuánto tardaban antes del ferrocarril? Seis meses.

HAGAMOS UN REPASO

¿Qué es? Una máquina que aprovecha el vapor como energía para crear movimiento.

¿Quién la inventó? James Watt perfeccionó la máquina de Thomas Newcomen.

¿Cuándo? En el año 1769.

¿Por qué es importante? Porque revolucionó la industria y los transportes, pues permitió el invento del ferrocarril, por ejemplo.

LAS VACUNAS: LA INMUNIDAD FRENTE A LAS ENFERMEDADES

Desde que comenzamos a vivir en ciudades, unos pegaditos a otros, a comprar en mercados abarrotados o a rezar en el mismo templo, unos amigos indeseables se acercaron a nosotros para no abandonarnos nunca: las **enfermedades**. Desde las terribles plagas de peste en la antigüedad hasta la COVID de los últimos años, los virus y las bacterias han sido muy importantes para nosotros, pues han sido capaces de derrocar imperios o matar a millones de personas en muy pocos años.

Hasta que llegó un momento en que inventamos algo que, al igual que todos los inventos anteriores, parecía muy sencillo pero muy complicado a la vez. Era algo que requería una gran dosis de curiosidad, observación y experimentación. Era, nada menos, que jugar con la enfermedad para engañar a nuestro cuerpo. ¿Sabes de qué hablo? Sí, de las **vacunas**. Conocerás cómo se inventaron gracias a nuestro nuevo amigo, el pequeño Edward, de ocho años de edad.

· · · · · · · · · · · · · · · · · · ·

Edward Jenner vivió hace unos 250 años en la pequeña ciudad de **Berkeley**, al sur de Inglaterra. Era el octavo de sus hermanos, y vivían en el seno de una familia humilde. Los padres de Edward murieron cuando él tenía solo seis años, por lo que el pequeño quedó al cuidado de su tía Deborah. Edward fue a una escuela rural, donde desarrolló una gran pasión por la naturaleza.

Hasta que, a los ocho años, su vida cambió. Se desató un **brote de viruela** en Berkeley, una terrible enfermedad de la que no se había encontrado cura y que afectaba sobre todo a los niños, a los que el cuerpo se les llenaba de pústulas que picaban y supuraban pus.

—Ed, vamos a tener que aplicarte la **variolación** —dijo su tía Deborah.

—¿El qué, tía? —preguntó extrañado el pequeño.

—Verás, sabemos que la viruela solo se padece una vez en la vida. Por eso, lo mejor será que contraigas la **enfermedad** ahora. El boticario doctor Holborn vendrá mañana a casa y te aplicará el contenido de la ampolla de un enfermo de viruela.

Pero Edward se negó en redondo, asustado.

—¡No, jamás!

—¡Es lo mejor, tesoro! —insistía su tía.

Finalmente, el pequeño no pudo resistirse. El doctor Holborn llegó a casa y llevó a cabo la variolación con Edward, que, a partir de entonces, quedó aislado en una habitación de su casa durante cuarenta días. Sí, guardando una **cuarentena**. Durante aquellos días, Edward desarrolló los terribles efectos de la viruela y, afortunadamente para todos, sobrevivió a ellos.

Edward Jenner pudo estudiar y se desarrolló como un **médico na-turalista** muy afamado, pero durante su carrera médica nunca dejó de pensar en aquella experiencia traumática de la variolación. Por ello, se propuso buscar una forma menos dramática de evitar que la viruela acabase con la vida de tantas personas.

Un día, Edward atendió como médico a la lechera Sara Nelmes. Sara trabajaba ordeñando vacas y vendiendo la leche que obtenía de puerta en puerta. Había cogido la viruela, pero no era una viruela como las demás, sino una variante mucho **más suave**, pues solo le salieron unas cuantas pústulas en las manos, que sanaron a las pocas semanas.

De pronto, pensando en Sara, Edward tuvo una idea.

—¿Me dejas ir al establo? Querría ver tus vacas —le pidió el médico Edward a la joven lechera.

Esta accedió. En el establo, Edward le preguntó por la vaca que había estado ordeñando últimamente.

—Esta es —le señaló Sara—. Se llama Blossom.

Edward estudió a Blossom y comprobó que aquella vaca estaba afectada por una viruela propia de su especie: **la viruela bovina**.

—Creo que ya he dado con la solución —le dijo Edward a Sara.

El médico se dio cuenta de que las mujeres que ordeñaban las vacas enfermas de la viruela vacuna estaban protegidas de la viruela humana.

Días después, y seguro de su descubrimiento, Edward Jenner realizó un experimento con un niño de ocho años vecino de la ciudad. El pequeño tenía los mismos años que tenía él cuando el doctor Holborn le practicó la variolación.

—Realizaré una variolación, pero con una variante del virus de la viruela mucho menos potente —le dijo a la madre del pequeño.

Edward inyectó en los brazos del niño el pus de las manos de la lechera Sara, que continuaba afectada con la **viruela vacuna**. A los pocos días, el pequeño desarrolló fiebre y malestar, pero ninguna afección grave. Posteriormente, cuando este se recuperó, el médico llevó a cabo la parte más delicada de su experimento: volvió a inyectar en el niño el virus de la viruela, pero en este caso, el humano.

¿Y qué ocurrió? Que el niño no desarrolló ningún síntoma: había sido **inmunizado**.

· ·

Tal vez pocos inventos en la historia hayan salvado tantas vidas como el del médico Edward Jenner. De hecho, hoy llamamos a su invento con el nombre de la variante de la viruela de las vacas que utilizó para llevar a cabo su experimento: **la vacuna**.

La vacuna de Jenner no tardó en popularizarse y en los años siguientes millones de personas fueron vacunadas. Así se erradicó la viruela, que hoy en día ya no existe. Otras vacunas se crearon siguiendo el procedimiento de Jenner, como la de la tuberculosis, la hepatitis, el sarampión o la gripe. Para la vacuna del coronavirus, la última gran vacuna creada, se ha usado incluso un nuevo método: preparar a tu cuerpo para desarrollar inmunidad ante el virus en lugar de inocularlo. Es la llamada **vacuna de ARN mensajero**, que también salvará millones de vidas como salvó la primera vacuna.

¿SABÍAS QUE...?

Cuando Edward Jenner compartió su descubrimiento con la comunidad científica, no tardaron en salir opiniones contrarias a ella, que creían que la **vacuna** haría crecer en las personas **apéndices vacunos**. Afortunadamente, eso no ocurrió, pero ello no quita que hoy en día continúe existiendo gente antivacunas a pesar de que su eficacia lleva siendo probada desde hace 200 años.

HAGAMOS UN REPASO

¿Qué es? Una preparación médica destinada a generar
inmunidad contra una enfermedad.

¿Quién la inventó? El médico Edward Jenner tras estudiar
la viruela vacuna.

¿Cuándo? En el año 1796, cuando se aplicó la primera vacuna
a William Phipps, de ocho años.

¿Por qué es importante? Porque nos inmunizó contra la viruela
y, después, contra muchas enfermedades de las que
no se conocía cura.

LA FOTOGRAFÍA: EL ORIGEN DE TUS SELFIS

¿Cuándo fue la última vez que te hiciste una foto? ¿Hoy mismo? Confiésalo, ¿tú también pones morritos cuando posas delante de una cámara? La **fotografía** es, sin duda, uno de esos inventos que están más presentes en nuestro día a día, tal vez porque todos los teléfonos tienen una cámara fotográfica.

¿Alguna vez has visto una fotografía antigua? Si tienes la suerte de que tu familia guarde fotos de tus antepasados (por ejemplo, de tus bisabuelos), te llamará la atención que estaban tomadas en **blanco y negro** o en **tonos sepia**, y que las personas fotografiadas aparecen muy serias, como si estuvieran enfadadas. Nuestra forma de posar ante un fotógrafo y la tecnología que nos ha permitido capturar imágenes ha evolucionado muchísimo a lo largo del tiempo. Para saber cómo se desarrolló este invento, conozcamos a nuestro nuevo amigo Joseph, de dieciséis años.

• • • • • • • • • • • • • • • • • • • •

Joseph vivió en Francia hace unos 240 años, en el seno de una familia privilegiada: su padre era abogado y consejero del rey, y vivían en una enorme mansión. Joseph Niépce pasaba muchas horas en su habitación leyendo libros sobre física y química, materias que le apasionaban, como a otros tantos amigos que hemos conocido ya.

Al margen de estas materias científicas, Joseph era también un apasionado de la **pintura**, aunque no se le daba muy bien. Por ello, acabó por interesarse por la **litografía**. ¿Sabes qué es? Pues es una técnica que consiste en estampar un diseño sobre una piedra calcárea, haciendo que el dibujo quede impreso en ella (sí, algo parecido a la imprenta de nuestro amigo Johannes Gutenberg).

A partir de entonces, Joseph comenzó a pensar de qué forma podía mejorar la calidad de sus litografías. Así fue como leyó sobre un artilugio que le permitiría, años después, inventar la primera cámara fotográfica: hablamos de la **«cámara oscura»**.

No, la cámara oscura no es un lugar en el que jugar al escondite. La cámara oscura es un invento muy curioso que se usaba desde hacía milenios; ya lo usaban los antiguos chinos o egipcios.

Déjame que te cuente en qué consiste una cámara oscura, y lo haré explicándote cómo lo aprendí yo. Cuando yo tenía tu edad, recuerdo que en el cole anunciaron que iba a producirse un **eclipse de Sol**. Supongo que tú también sabrás que no se puede mirar al eclipse de Sol directamente, pues corres el riesgo de quedarte ciego perdido. Para mirar un eclipse, la profe de conocimiento del medio nos hizo inventar una especie de cámara oscura con una caja de cartón. Era algo muy simple que tú también puedes hacer en casa (busca un tutorial en YouTube, ya verás). Consistía en sellar bien la caja y hacerle unos agujeros para proyectar la **luz del sol** y poder verla en su interior sin perder la vista.

Al joven Joseph le pareció muy interesante aquello de la cámara oscura, pero todavía habría de pasar un tiempo para que desarrollara su propia cámara. Mientras tanto, logró realizar otros inventos, aunque nunca dejó de investigar sobre cómo mejorar las litografías. Quería encontrar la forma de **imprimir** en un material mucho más sencillo de usar y probó con diversos metales hasta que, de pronto, hizo un descubrimiento que lo dejó fascinado.

—Hay algunos materiales que son **sensibles a la luz** —le explicó a su padre—. Es decir, la luz se queda impresa en ellos tras un largo tiempo de exposición. Son, por ejemplo, el nitrato de plata o el peltre.

Joseph pasó años investigando sobre esos materiales, hasta que finalmente tuvo una idea reveladora: utilizarlos dentro de una **cámara oscura**. Por aquel entonces, ya se había casado y tenía un hijo, Isidoro, que también era un niño aficionado a la litografía.

—Si se coloca uno de esos materiales en la pared interior de una cámara oscura y se expone a una **fuente de luz**, esa luz podría quedar impresa —le explicó a su hijo. El chico asintió, impresionado, y ayudó a su padre a fabricar su primer prototipo.

• • • • • • • • • • • • • • • • • • • •

En 1825, hace menos de 200 años, Joseph Niépce utilizó su invento para hacer la primera fotografía de la historia, que necesitó más de ocho horas de exposición a la luz del sol. Lamentablemente, esa **primera fotografía** que hizo Joseph no se ha conservado, pero sí se conserva una de las primeras, aquella que tomó desde la ventana de su habitación.

Esa foto se titula «Vista desde la ventana en Le Gras»; búscala en internet y sorpréndete. ¿Qué te parece? Sí, en realidad no es que se vea mucho, solo la silueta de varios edificios... ¿Qué te esperabas? Por aquel entonces la cámara de Joseph no tenía tantos megapíxeles como la cámara de tu **teléfono móvil**.

La cámara fotográfica fue perfeccionándose con los años. Por ejemplo, se redujo el tiempo de exposición y llegó la fotografía a color. Tiempo después, a finales del siglo XIX, a dos hermanos franceses, Auguste y Louis Lumière, se les ocurrió proyectar fotografías que representaban el movimiento de personas o animales... ¿Sabes de qué invento se trata? Sí, del **cine**, que no habría podido inventarse sin la fotografía.

Así que ya sabes: tienes que agradecer tus selfis para las redes sociales o las pelis de Marvel a aquellos inventores que lograron **capturar la luz**.

¿SABÍAS QUE...?

Si de repente te digo que poses para una foto, seguro que intentarías esbozar una **sonrisa**. Pero no siempre ha sido así. Tal vez te hayas preguntado alguna vez por qué las personas de las fotografías antiguas no salían sonriendo. Pues por una razón muy sencilla: aquellas primeras fotografías necesitaban mucho **tiempo de exposición**, es decir, tiempo para que la luz quedase impresa en el soporte fotográfico. ¡Te imaginas aguantar una sonrisa durante todo ese tiempo? Es un poco difícil, ¿no? Por eso posaban con esa cara seria que da un poco de yuyu.

HAGAMOS UN REPASO

¿Qué es? Una técnica para capturar imágenes gracias a la acción de la luz.

¿Quién la inventó? El científico Joseph Niépce.

¿Cuándo? La primera fotografía de Niépce fue tomada en 1825.

¿Por qué es importante? Porque nos permitió capturar imágenes sin necesidad de pintar y sirvió de base para inventar el cine.

LA BOMBILLA: LA LUZ PARA TI Y PARA TODOS

¿Has estado en casa alguna vez sin luz? Me refiero a la **luz eléctrica**, es decir, sin la iluminación de bombillas, sin que el wifi funcione, sin televisión, sin frigorífico... Cuando yo tenía tu edad, a veces se iba la luz y de repente nos veíamos como si viviésemos en la prehistoria: nos iluminábamos con **velas** o con el calor de una **chimenea**.

Piensa en algo: ¿cuánto dependemos hoy en día de la luz de una bombilla? ¿Y de la energía eléctrica? Pues déjame que te responda: muchísimo (bueno, a no ser que vivas en la selva, en plan Tarzán). Dependemos tanto que seguro que tus padres le temen a la factura de la luz, como todos los adultos que tienen que pagarla.

¿Desde cuándo usamos la **energía eléctrica** en casa y por qué podemos iluminarnos con ella? Para responder a estas preguntas, en esta ocasión conoceremos a dos amigos: Thomas y Nikola, de ocho y tres añitos de edad, respectivamente.

· · · · · · · · · · · · · · · · · · · ·

Thomas Edison y Nikola Tesla vivieron hace 160 años en dos continentes distintos, América y Europa, aunque no tardarían en coincidir en el país en el que nació el primero, Estados Unidos. Por el momento, uno no tenía ni idea de quién era el otro. Comencemos por el primero.

Thomas había nacido en una familia emigrante, en la que no había muchos recursos. Era un niño curioso al que le encantaba aprender, pero no le gustaba mucho el colegio. Una mañana, el pequeño Thomas llegó de la escuela a casa llorando con una nota del maestro que decía: «El señorito Thomas muestra una absoluta falta de interés y una torpeza manifiesta». Entonces su madre, Nancy, decidió asumir su **educación** y lo hizo muy bien, pues logró que su hijo desarrollase esa curiosidad que en el futuro lo llevaría a realizar centenares de inventos.

Así fue como animó al pequeño Thomas a crear su primer **laboratorio** en el sótano de casa, donde hizo sus primeros experimentos con la química y la electricidad. **¿La electricidad?** Sí, ya sabes, eso que está en los enchufes de tu casa y en los rayos de las tormentas.

Precisamente, Thomas oyó hablar por primera vez de la electricidad gracias a su madre, que le leyó sobre los descubrimientos de Benjamin Franklin, un científico que había inventado el pararrayos (y que estuvo a punto de morir chamuscado en el intento). Franklin pensaba que la electricidad fluía y que podía conservarse si se encontraba el modo. Desde entonces, Thomas nunca dejó de pensar en la forma de conseguirlo. Por ello, comenzó a intentar cumplir su sueño de convertirse en **inventor**, persiguiendo su gran anhelo.

—Yo proporcionaré luz barata para todo el mundo —decía, convencido de que la electricidad podría cambiar el mundo.

Pero por aquel entonces, él no era el único científico que investigaba la electricidad. Por ejemplo, el químico Joseph Swan desarrolló una lámpara de luz incandescente que se iluminaba haciendo uso de energía eléctrica... ¿Sabes de qué se trata? Sí, lo adivinaste, de la **bombilla**. Pero la bombilla de Swan se apagaba con rapidez, hasta que Thomas trabajó en mejorarla y, poco después, desarrolló una bombilla que podía mantenerse encendida.

En cuanto Thomas anunció que había inventado una bombilla funcional, todo el mundo quiso tener una en su casa para sustituir el alumbrado de **carbón** o de **gas**. Pero había un problema, ¿cómo hacer que la electricidad necesaria para iluminar las bombillas llegase a todas las casas? Aquí es donde entra en juego nuestro segundo amigo, Nikola Tesla.

Nikola había nacido en la actual Serbia (Europa), en una familia acomodada en la que había libros y se hablaba de ciencia. El pequeño tenía solo tres añitos cuando oyó hablar por primera vez de la **electricidad**, la que sería la gran pasión de su vida.

Era una apacible tarde de primavera. Nikola acariciaba el lomo de su gato Mácak, al que quería mucho. De pronto, vio que unas chispas aparecían al pasar la mano por el pelaje del felino.

—¡Papá! —Corrió hacia su padre, nervioso—. ¡Mira lo que me ha ocurrido!

Volvió a acariciar el lomo de Mácak, produciendo otra lluvia de chispas.

—Tranquilo, Nikola. Eso es electricidad, el mismo fenómeno que ocurre durante las tormentas.

Nikola se quedó pensativo, mirando a su gato. Desde entonces, a esa corta edad, supo que quería dedicarse a la **ciencia**. Estudió en la universidad y fue a Estados Unidos a conocer a Thomas Edison, a quien admiraba y había estudiado mucho.

Nikola tenía una idea en la cabeza.

—¡Quiero encontrar la forma de proporcionar electricidad gratuita a todo el mundo! —decía.

Por ello, desarrolló un invento que luego sería importantísimo para todos nosotros: la **corriente alterna**, es decir, la forma de hacer llegar la electricidad a todas las casas y a todos los lugares..., ¡y eso era lo que Edison necesitaba!

Pero Thomas no se tomó demasiado bien que un joven europeo llegase a su laboratorio con la solución a su problema, por lo que, a pesar de ello, continuó buscando su propia forma de conseguir su cometido. Sin embargo, finalmente, tuvo que reconocer que la corriente alterna de Tesla era justo lo que necesitaba.

· · · · · · · · · · · · · · · · · · · ·

Si hoy puedes enchufar el teléfono para cargarle la batería es gracias a la corriente alterna de Tesla. Si puedes leer este libro bajo la luz de una lámpara, es gracias a Edison. A pesar de que ambos no se llevaron muy bien, su competición, conocida como la **«guerra de las Corrientes»**, nos permitió hacer uso de la electricidad y abrió la puerta a miles y miles de inventos. Cada vez que enciendas tu videoconsola, piensa en Edison y en Tesla.

Edison y Tesla no solo fueron los padres de la electricidad, sino que tal vez fueron los mayores **inventores** de la historia. El primero realizó más de mil inventos y el segundo, unos trescientos. ¿Sabes cuáles pudieron ser los más curiosos de cada uno? Pues dicen que Edison inventó un **teléfono** para hablar con los muertos y que Tesla desarrolló un **rayo** de la muerte. Lamentablemente (o afortunadamente, pensándolo bien), no hemos conocido ninguno de esos inventos.

HAGAMOS UN REPASO

¿Qué es? Una lámpara que ilumina gracias a la corriente eléctrica.

¿Quién la inventó? Thomas Edison la perfeccionó y la corriente eléctrica llegó a nuestros hogares gracias a Nikola Tesla.

¿Cuándo? A partir de 1879.

¿Por qué es importante? Porque nos iluminó y llevó la electricidad a nuestros hogares, lo que nos permitió inventar los aparatos que la usan para funcionar: los electrodomésticos.

EL TELÉFONO: NUESTRA VOZ PARA TODO EL MUNDO

Si tuvieras que decidir cuál es el objeto que más usamos los adultos a diario, seguramente pensarías en el **teléfono móvil,** ¿a que sí? ¡Y es que parece que hoy en día no podemos escapar de sus pantallas! Vas a cualquier lado y hay un montón de gente consultando su teléfono, mandando mensajes, jugando o viendo vídeos. Es posible que tú también te hayas acostumbrado a hacerlo (y déjame decirte que no es nada bueno abusar de ello, ¿eh?).

Sí, el teléfono es uno de los grandes inventos de la historia. En nuestro presente, y quién sabe hasta cuándo, es el **objeto estrella**: todo el mundo tiene uno, todo el mundo quiere uno. No obstante, cuando yo tenía tu edad, en casa había un solo teléfono: el teléfono fijo. Si algún amigo o amiga quería hablar contigo, se arriesgaba a que tus padres o tu hermano mayor cogiera el teléfono antes que tú. Luego llegaron los teléfonos móviles, aunque al principio no tenían grandes **pantallas**, sino enormes teclas numéricas y sonaban con politonos agudos.

¿Quieres saber a quién le debemos este invento? Pues mucha gente piensa que fue gracias a un hombre llamado Alexander Graham Bell, pero no. El teléfono se lo debemos a nuestro nuevo amigo, Antonio Meucci, de veinte años.

• •

Antonio Meucci vivió en Italia hace unos 120 años. Desde muy joven se interesó por las ciencias, destacando como **ingeniero y químico** en su Florencia natal. Como sabes, entonces había un montón de científicos trabajando, por ejemplo, con la electricidad, como nuestros amigos Edison o Tesla. Antonio se dedicaba a la electroterapia, algo muy popular en aquellos tiempos, aunque hoy nos suene un poco raro. Es una técnica que consiste en tratar el dolor de los pacientes con pequeñas **descargas eléctricas** (no lo probéis en casa, por favor). Así fue como, de casualidad, nuestro amigo descubrió algo revolucionario.

Un día, un paciente acudió a su consulta por un dolor en la cabeza. Antonio le introdujo un cable en la boca y se fue a otra habitación. En cuanto aplicó electricidad al cable, el paciente soltó un grito.

—¡Ay!

En habitación contigua, Meucci se dio cuenta de algo: había oído el grito como si el paciente estuviese junto a él. Pero ¿cómo era posible? Pues porque el grito se había transmitido por el **cable**.

—¿Podrías volver a decir algo con el cable en la boca? —le pidió Antonio al paciente.

—¡Claro! —respondió este.

Meucci volvió a salir y, de nuevo, oyó las palabras de su paciente por el cable electrificado. Sin saberlo, ¡había descubierto el **teléfono**!

No obstante, al teléfono aún le quedaban muchos años de investigación. Desde entonces, Antonio trabajó intensamente para perfeccionar su descubrimiento. Estaba convencido de que podía inventar la manera de **transmitir el sonido** de la voz a través de los cables, de la misma forma en que ya funcionaba el telégrafo, un invento reciente que transmitía sonidos por impulsos eléctricos.

Nuestro amigo Antonio Meucci trabajó nada menos que 15 años en su invento. Por aquel entonces, ya se había casado con una mujer llamada Ester. Ester sufría una enfermedad que con el paso del tiempo se fue agravando, por lo que terminó postrada en una cama sin poder levantarse. Su marido Antonio, que pasaba buena parte del tiempo en su taller practicando con sus inventos, pensó que podía probar su invento creando una **línea de voz** que uniese la habitación de su esposa con su taller.

—¿Qué vas a hacer? —le preguntó su mujer, desde la cama.

—Si mi invento funciona, podrás llamarme desde la cama y yo recibiré tu llamada en el taller.

Tras tender el cable atravesando las habitaciones de su casa y electrificarlo, Antonio colocó a ambos extremos un **auricular**, por el que se podían oír las voces que la línea transmitía, y un **micrófono**, que enviaba la voz propia.

—Cuando yo salga de la habitación, prueba a decir algo a través del teléfono, ¿vale? Yo debería recibirlo en el taller.

El invento de Antonio funcionó y esa fue la primera llamada de teléfono de la historia. Satisfecho, Meucci corrió a patentar el invento del teléfono, pero tenía problemas económicos y no pudo hacerlo.

¿Sabes qué significa **«patentar»**? Pues consiste en registrar tu invento como tuyo, para que nadie pueda robarte la idea. Como Meucci no pudo patentar su invento, algún tiempo después, un hombre astuto llamado Alexander Graham Bell registró una patente de teléfono idéntica al teléfono de Meucci... Sí, ¡le robó la idea!

Por aquel entonces, esos **robos de ideas** eran algo muy típico. Por ejemplo, es lo que les ocurrió montones de veces a nuestros amigos Thomas Edison y Nikola Tesla. El problema es que mientras Alexander Graham Bell se hizo inmensamente rico con la invención del teléfono, Antonio Meucci no pudo disfrutar del éxito de un invento en el que había trabajado durante muchos años. Aun así, debemos agradecerle y reconocerle su trabajo. Desde aquel primer teléfono que lo conectó con su esposa impedida en la cama, Antonio Meucci cambió para siempre la forma en que nos comunicamos los seres humanos.

¿SABÍAS QUE...?

Si la primera **llamada de teléfono** ocurrió entre Antonio Meucci y su mujer, la primera llamada desde un teléfono móvil fue en 1973 y la realizó un hombre llamado Martin Cooper, que trabajaba para Motorola. ¿Y sabes qué? El primer teléfono móvil tenía poco de móvil: pesaba un kilo y tenía una autonomía de media hora pese a que había que cargarlo durante al menos diez horas. ¡Para que te quejes de la **batería** del tuyo!

HAGAMOS UN REPASO

¿Qué es? Un aparato que transmite la voz mediante un cable electrificado.

¿Quién lo inventó? Antonio Meucci, aunque la patente del invento se la llevó Alexander Graham Bell.

¿Cuándo? En 1854.

¿Por qué es importante? Porque nos permitió comunicarnos a distancia a través de nuestra voz y en tiempo real.

LOS RAYOS X: EL PRIMER VISTAZO A NUESTRO INTERIOR

Es muy probable que esto te haya ocurrido: estabas jugando en el parque o en el patio del recreo cuando te caíste y te lastimaste alguna parte de tu cuerpo, como un tobillo o un brazo. Acto seguido, te llevaron al hospital y te hicieron una **radiografía**, ¿a que sí?

¿Nunca te ha llamado la atención una radiografía? Si te das cuenta, al hacérnosla es como si mirásemos dentro de nuestro cuerpo. Pues bien, lo curioso es que tardamos mucho más tiempo en mirar dentro de nosotros que en mirar a miles y miles de kilómetros de distancia. ¿Recuerdas qué fue lo que inventó Hans Lippershey en el siglo xvii? Sí, el **telescopio**: un ojo para mirar al universo. Pero no miramos hacia nuestro interior hasta finales del siglo xix, cuando un científico alemán llamado Wilhelm Röntgen realizó otro de esos inventos que acabarían por cambiar la historia. Hablamos de los **rayos X** y, para saber cómo se inventaron, vamos a conocer a nuestro amigo Wilhelm, de dieciocho años de edad.

• •

El joven Wilhelm vivió hace unos 120 años y, como otros tantos científicos que ya hemos conocido aquí, comenzó a desarrollar su interés por la ciencia desde muy pequeño. A los diecisiete era un joven despierto y curioso que ya había ingresado en la Escuela Técnica de Utrecht. Allí comenzó a estudiar algo que estaba volviendo locos a los científicos de la época, los **rayos catódicos**. ¿Qué son? Deja que te lo explique, aunque resulta un poco complejo. Para ello, te pondré un ejemplo: ¿alguna vez has visto una de esas televisiones antiguas que tus padres llaman **«analógicas»**? Eran unas televisiones muy gruesas que también se llamaban «televisores de tubo». Pues bien, estas televisiones funcionaban con rayos catódicos, es decir, corrientes de electrones que se emitían a través de tubos, o lo que es lo mismo, viajando a través de ellos.

En la época de Wilhelm aún no se había inventado el televisor, pero sí se habían hecho muchos experimentos con los rayos catódicos. Durante mucho tiempo Wilhelm los estuvo investigando y, mientras tanto, se enamoró y contrajo matrimonio con una mujer llamada **Bertha Ludwig**. Quédate con su nombre, porque Bertha será muy importante para la invención de los rayos X.

Un día de noviembre del año 1895, Wilhelm experimentaba en su taller con los rayos catódicos. Tras cubrir el tubo de los rayos con un cartón negro para eliminar toda luz visible, nuestro amigo observó que un débil resplandor amarillo y verdoso provenía de una placa fotográfica cercana en la que le había colocado una capa de un material llamado **platino-cianuro de bario**, que desaparecía al apagar el tubo.

Era una placa sobre la que se hacían fotografías (sí, como las que inventó nuestro amigo Joseph Niépce). Wilhelm se sorprendió por su descubrimiento y se dio cuenta de que unos **rayos invisibles** habían estado atravesando su habitación mientras trabajaba con los rayos catódicos. Corrió a llamar a su mujer:

—¡Bertha, ven, corre!

Bertha fue al taller, sorprendida.

—¿Qué ocurre?

—Pon la mano izquierda sobre esta placa fotográfica —le pidió el científico.

Bertha, a pesar de no comprender qué le estaba pidiendo su marido, accedió. Colocó la mano sobre la placa de metal fotográfica que su marido usaba para revelar fotografías y, cuando este accionó los **rayos catódicos**, logró hacer su gran y accidental descubrimiento: había fotografiado a través de esos rayos misteriosos el interior de la mano de su mujer, es decir, sus huesos.

—¿Esta es mi mano? —preguntó Bertha, asustada.

—Sí —respondió su marido.

La mujer se quedó pensativa.

—Vaya, es como si hubiese visto mi propia muerte.

Lo que Bertha Ludwig estaba viendo eran los huesos de su mano junto al anillo que llevaba en el dedo anular. Pero ¿sabéis qué es lo más curioso? Wilhelm llamó a ese efecto **«rayos incógnita»**, o lo que es lo mismo, **«rayos X»**, porque no sabía qué era aquello. Solo sabía que aquello lo generaban los rayos catódicos al chocar contra ciertos materiales y fotografiarlos en placas de fotografía. Hoy en día seguimos llamando así a los rayos X, el nombre con el que los bautizó su descubridor.

Si aún no te ha quedado claro cómo funcionan los rayos X, piensa una cosa: si colocas una **linterna** en la punta de uno de tus dedos, podrás comprobar que la luz atraviesa la piel y permite ver la zona interior. Este es un ejemplo de cómo funcionan en realidad los rayos X, teniendo en cuenta que estos tienen mucha más **potencia** que la luz de tu linterna.

Wilhelm Röntgen se hizo muy famoso gracias a su descubrimiento, que no tardó en usarse para la medicina y la ciencia. Hoy en día, es imposible pensar en el sistema sanitario sin usar los rayos X. Nuestro amigo Wilhelm fue galardonado con el Premio Nobel en 1901.

Por cierto, ¿te acuerdas de las patentes? Pues ¿sabes qué? Wilhelm se negó a patentar su invento para asegurarse de que todo el mundo se beneficiara de él, aduciendo que era la obligación de todo científico. Además, al recibir el dinero del **Premio Nobel**, lo donó a su universidad.

¿SABÍAS QUE...?

Los estudios de Röntgen fueron muy importantes para el desarrollo de la radiología y de algo a lo que llamamos **«medicina nuclear»**, indispensable para diagnosticar y tratar enfermedades como el cáncer. Todo se lo debemos a la primera mano radiografiada de la historia, la de Bertha Ludwig, gracias a los descubrimientos de nuestro amigo Wilhelm.

HAGAMOS UN REPASO

¿Qué son? Un tipo de radiación que permite ver el interior
de un cuerpo.

¿Quién los inventó? Los descubrió Wilhelm Röntgen, un
científico alemán.

¿Cuándo? En 1895.

¿Por qué son importantes? Porque nos permitieron desarrollar
las radiografías, que hoy en día son clave para los
tratamientos médicos.

EL AVIÓN: CUANDO POR FIN PUDIMOS VOLAR

¿Has soñado alguna vez con **volar**? En realidad, ¿quién no ha fantaseado con hacerlo? Imagínatelo, salir de tu casa e ir al cole volando con la escoba de Harry Potter, por ejemplo. Aunque hoy en día no existe aún una magia que permita eso, sí que hemos estado muy cerca de volar como pájaros que surcan el aire. De hecho, ya volamos gracias a los **aviones**, el medio de transporte que ha unido el mundo como ningún otro ha conseguido hacerlo.

Desde que los humanos comenzamos a dominar la naturaleza, hemos soñado con volar. De hecho, buena parte de nuestros dioses se han parecido a pájaros o han tenido atributos alados, como los dioses egipcios o los mayas. Durante el **Renacimiento**, el gran artista Leonardo Da Vinci dibujó y proyectó prototipos de avión que suponemos que nunca se llegaron a construir (aunque hubiese molado mucho). Así es como llegamos hasta el siglo pasado, cuando dos hermanos unieron su ingenio para coger el testigo del gran Da Vinci y plantear la construcción de un medio que nos permitiera volar.

Por aquel entonces, la ciencia y la ingeniería estaban realizando **grandes inventos**, como ya sabes, desde el ferrocarril hasta la bombilla y desde la fotografía hasta los rayos X. Todos esos inventos revolucionaron la vida de las personas, pero ninguno de ellos las hizo volar... hasta que llegaron los hermanos Wright.

Pero, ojo, antes de los hermanos Wright, los humanos ya habíamos inventado formas de surcar el cielo. Algunas eran un poco disparatadas y acabaron con más de un inventor espachurrado en el suelo, pero otras eran muy ingeniosas, como los **globos aerostáticos,** que comenzaron a surcar los cielos de las grandes ciudades desde el siglo XVIII. Son globos enormes, de muchos colores y muy bonitos, pero no es muy fácil controlarlos en el aire.

Conozcamos la historia de los hermanos Wilbur y Orville Wright, de catorce y diez años de edad, respectivamente, una historia de **altos vuelos**.

• • • • • • • • • • • • • • • • • • • •

Wilbur y Orville fueron dos chicos nacidos en una pequeña ciudad de Estados Unidos que vivieron hace unos 120 años. Eran dos jóvenes emprendedores con una gran curiosidad por el mundo y por realizar experimentos. Vivían junto con sus otros hermanos en una granja.

Una Navidad, su padre les hizo un regalo que fue la semilla que cambiaría sus vidas y la de millones de personas: un **juguete vo~ lador**. Tenía un cuerpo de papel y otras partes hechas de corcho y de bambú, y los hermanos disfrutaron haciéndolo volar por su habitación.

—¿Y si fabricamos nuestro propio juguete volador? —le dijo Wilbur a Orville mientras jugaban con su regalo.

—¡Qué buena idea! —exclamó el hermano pequeño.

Así fue como los hermanos comenzaron a trabajar codo con codo en la fabricación de sus propios **juguetes planeadores,** que fueron perfeccionando con el paso del tiempo. Y mientras Orville vendía cometas en la escuela para ganar dinero, Wilbur comenzó a leer todo lo que pudo sobre cómo volaban los pájaros y cómo funcionaban las máquinas.

Cuando ambos superaron los veinte años de edad, habían fabricado ya más de mil cometas y artilugios voladores. Así fue como Orville le preguntó un día a Wilbur:

—¿Y si construimos una máquina que nos permita volar a nosotros?

Wilbur, entusiasmado, aceptó el reto de su hermano.

—¡La llamaremos **«planeador»!** —propuso Wilbur.

La máquina debía ser lo suficientemente grande para que una persona pudiera montar en ella y experimentar la sensación de volar como un pájaro. El primer prototipo de planeador, construido con unas enormes **alas** que aprovechaban las corrientes de **aire,** permitía que las personas pudiesen volar durante 10 segundos antes de volver a tierra.

—¡No es suficiente! —exclamó Orville—. ¡Tenemos que lograr un vuelo más duradero!

Tras un nuevo prototipo, construyeron un planeador mejorado que, además, tenía un timón que permitía conducirlo en el aire. Pero había un problema: el piloto no podía evitar que el avión descendiera hacia tierra.

—¿Y si le colocamos un **motor**? —planteó Wilbur a su hermano, mientras trabajaban en el prototipo—. Sí, un motor como el de los automóviles.

No hacía mucho tiempo, se había desarrollado otro invento del que también podríamos haber hablado aquí: el **automóvil**, es decir, el coche movido a través de un motor.

—¡Podemos colocarle un motor pequeño y ligero que permita impulsar el planeador en el aire! —propuso Orville con energía.

Los hermanos se pusieron manos a la obra y en el año 1903 ya tenían listo el primer experimento de planeador propulsado con motor. En esa ocasión, lograron un recorrido de 59 segundos y recorrer volando una distancia de 260 metros antes de volver a tierra. ¡Habían inventado el **avión**!

· · · · · · · · · · · · · · · · · · · ·

Poco después del invento de los hermanos Wright, un montón de científicos e ingenieros comenzaron a trabajar en el avión, aumentando su velocidad, el tiempo de vuelo y la capacidad de pasajeros. El mundo, de repente, se había hecho mucho más pequeño de lo que había sido hasta entonces, pues en unas horas podíamos recorrer parte de la Tierra a bordo de un avión. Era el sueño de todo ser humano que alguna vez imaginó volar como un pájaro.

A pesar de que hoy en día el avión es un medio de transporte que genera una **alta contaminación**, sobre todo por la gran cantidad de combustible que consume, debemos agradecerle que nos permita viajar a cualquier rincón del mundo en cuestión de horas. Y tú, ¿te has montado en un avión?

¿SABÍAS QUE...?

El primer avión de la historia, el de los hermanos Wright, medía 12 metros de ala a ala y tenía una velocidad máxima de 48 km/h. Hoy en día, el avión **más grande** del mundo es ruso y mide 88,40 metros. Y el **más veloz** es el avión estadounidense **Falcon HTV~2**, capaz de volar a 21 000 km/h.

HAGAMOS UN REPASO

¿Qué es? Un medio de transporte aéreo.

¿Quién lo inventó? Los hermanos Wright.

¿Cuándo? En 1903.

¿Por qué es importante? Porque nos permitió trasladarnos
con mayor rapidez surcando el aire.

LA PENICILINA: EL DESCUBRIMIENTO QUE SALVÓ NUESTRAS VIDAS

Hay un **mundo microscópico** que no vemos, pero que nos mantiene con vida. Es un mundo de organismos unicelulares que se encuentran en prácticamente todas las partes de la Tierra. Te hablo de las bacterias, ¿has oído hablar alguna vez de ellas? Seguro que sí. Quizá pienses en ellas como algo malo, pero hay bacterias de todo tipo. De hecho, no estarías vivo sin las bacterias que se encuentran dentro de tu cuerpo. Pero durante toda nuestra vida como especie, hasta hace unos 100 años, algunas bacterias provocaban **infecciones** que se consideraban incurables para nosotros.

Hasta ahora hemos conocido un montón de inventos que cambiaron la forma de vivir de los seres humanos para siempre, desde las herramientas en piedra hasta el avión. Hemos conocido, además, otro invento, las vacunas, que nos ayudó a combatir algunos de los virus más mortíferos, como la viruela. Pero si hay un antes y un después en nuestras vidas, sin duda es gracias al descubrimiento casual de un médico llamado Alexander Fleming.

¿Alguna vez has tomado **antibióticos**? Tal vez has tenido una infección de oído y has tenido que tomar uno de estos medicamentos. Los adultos estamos acostumbrados a ellos y solemos tomarlos para cualquier infección. ¿Quieres saber cómo se descubrió y por qué son tan importantes? Conozcamos a nuestro nuevo amigo, Alexander, de trece años de edad.

• • • • • • • • • • • • • • • • • • •

Alexander vivió hace 120 años en un pueblecito de Gran Bretaña. Era el tercero de cuatro hermanos en una familia de campesinos. Aunque recibió una educación básica, donde aprendió solo a **leer** y **escribir**, desde muy pequeño fue un niño observador y curioso. Todo cambió para él cuando, tras morir su padre, se trasladó a Londres a vivir con un hermanastro, que trabajaba como médico en la capital inglesa. Ahí fue donde se enamoró de la medicina, pero como no tenía dinero para pagarse los **estudios médicos**, se alistó en el ejército inglés. Fue el azar el que lo llevó finalmente a estudiar para ello: a los veinte años recibió una pequeña herencia que le permitió estudiar en el hospital St. Mary de Londres. Fue allí donde años después realizaría su gran descubrimiento.

Como decíamos antes, uno de los grandes inventos de la historia llegó de casualidad (en realidad, como otros tantos que ya hemos visto). Alexander formaba parte de un equipo de científicos que investigaban con **bacterias**, esos pequeños microorganismos que conocemos gracias a los microscopios, otro invento del que bien podríamos haber hablado en este libro.

Una mañana, al volver después de unos días de merecido descanso, Alexander fue al **laboratorio** y comenzó a preparar sus utensilios para continuar con sus investigaciones. Para ello, empezó por limpiar las placas de Petri que se habían quedado sucias los días anteriores.

Una placa de Petri es un pequeño recipiente redondo de cristal que se utiliza para observar **muestras biológicas**, como bacterias, sangre o tejidos. En esas placas de Petri que Alexander estaba limpiando, se había experimentado con una bacteria en concreto, la *Staphylococcus aureus*, y, de pronto, algo llamó la atención del científico: en una de esas placas había crecido **moho**.

¿Sabes qué es el moho? Seguro que alguna vez te habrás encontrado con él en una pieza de fruta descompuesta, en un queso o en lugares con mucha humedad. El moho es un **hongo** que se reproduce mediante esporas, y hay de muchos tipos.

—Creo que he hecho un descubrimiento asombroso —le dijo nuestro amigo Alexander a uno de sus ayudantes del laboratorio.

—¿Y de qué se trata, doctor?

Alexander le enseñó **la placa Petri** con moho, pero su ayudante no era capaz de darse cuenta de qué había descubierto el médico.

—Fíjate bien —le pidió este—. Las bacterias que se encontraban en la placa no han crecido alrededor del moho. ¿No te das cuenta de lo que puede significar?

El ayudante comenzaba a comprender el alcance del descubrimiento del doctor. Asintió, sorprendido.

—¿Está usted diciendo que...?

—Sí, tal vez este moho sirva para evitar que las bacterias se reproduzcan. ¿Y si se trata de una **sustancia antibacteriana**?

Alexander se propuso estudiar el moho y descubrió que se trataba del tipo *Penicillium*. Luego, aisló la sustancia que lo producía y se dio cuenta de que no solo era capaz de evitar el crecimiento bacteriano, sino también de matar muchas bacterias comunes. Alexander Fleming llamó a esa sustancia «penicilina», ¿te suena?

. . . .

Fleming no era consciente de ello, pero había inventado el **medicamento** más importante de la historia de la medicina. Fue el primer antibiótico y se comenzó a usar a gran escala en la Segunda Guerra Mundial, con lo que se salvó la vida de muchísimos soldados. Hoy, su uso es tan corriente como el de una aspirina, y por eso no somos conscientes de su importancia. Lo curioso es que estamos vivos gracias a **bacterias**. Y gracias a Alexander Fleming, podemos evitar que muchas otras acaben con nuestra vida.

¿SABÍAS QUE...?

La Primera y la Segunda Guerra Mundial transcurrieron antes y después del descubrimiento y el uso de la penicilina. Fue en esta segunda donde el descubrimiento de Fleming demostró su inconmensurable valor: mientras que en la Primera Guerra Mundial murieron un 18 % de soldados aquejados de **neumonía bacteriana** (es decir, causada por una bacteria), en la Segunda fueron menos del 1 %.

HAGAMOS UN REPASO

¿Qué es? Un medicamento antibiótico, es decir, que impide
que algunas bacterias crezcan en nuestro cuerpo.

¿Quién la inventó? Alexander Fleming la descubrió
por casualidad.

¿Cuándo? En 1922.

¿Por qué es importante? Porque nos permitió combatir
enfermedades bacterianas, muy comunes en el ser humano
desde siempre.

EL ORDENADOR: UNA MÁQUINA QUE CALCULA POR NOSOTROS

Estoy escribiendo esto a través de mi ordenador. Cuando yo tenía tu edad, lo que más quería era tener uno. Con el ordenador podías jugar a videojuegos o hacer trabajos del cole, lo que te libraba de copiarlos a mano. Eso sí, por aquel entonces, los ordenadores no podían llevarse de un lugar a otro como tu portátil o tu tableta, sino que se mantenían fijos sobre una mesa, con una enorme caja llamada «torre», una pantalla, un teclado y un ratón..., ¡y eran unos armatostes muy grandes! Es probable que hayas visto alguno así, aunque en versión mucho más moderna que aquellos primeros ordenadores con los que yo empecé a escribir mis primeros cuentecitos.

Esa máquina llamada «ordenador» es otro de los grandes inventos que han cambiado nuestra vida, y no hace mucho precisamente. ¿Sabes que el teléfono móvil que tus padres llevan en el bolsillo es un ordenador en miniatura? ¿Y que una videoconsola también lo es? Conocer cómo se inventó sería muy complejo, porque en ello invirtieron su tiempo decenas de personas. Pero vamos a centrarnos en dos: nuestros amigos Ada, de doce años de edad, y Konrad, de veinte.

• •

Conozcamos primero a Ada. Vivió hace más de 200 años en Gran Bretaña y fue hija de la científica Anna Isabella Noel Byron y del poeta George Gordon Byron, conocido como **Lord Byron**. Desde muy pequeñita, Ada recibió una educación culta y sofisticada que no solían recibir las niñas de su época y edad. Esta educación despertó en ella una maravillosa curiosidad por la **ciencia** y los **inventos**. Por ejemplo, con once años, comenzó a obsesionarse con la idea de volar, como tantos otros inventores del pasado. Ada estaba decidida a inventar una máquina que le permitiera moverse por el aire a voluntad. Para ello, investigó diferentes materiales y tamaños (papel, seda de aceite, alambres y plumas) para fabricarse unas alas, y pasó mucho tiempo estudiando la anatomía de las aves para crear bocetos de su soñado proyecto. Pero Ada nunca pudo volar, aunque ello no la hizo abandonar su impulso como **inventora**.

Así pasó sus años de adolescencia, relacionándose con científicos e intelectuales e ideando inventos con los que poder saciar su curiosidad. A los dieciocho años, Ada conoció el funcionamiento de un curioso invento: un **telar mecánico** que entrelazaba las telas y hacía que tejer cualquier prenda fuera mucho más fácil y rápido. Gracias a eso, Ada se quedó maravillada con la idea de construir máquinas que le facilitaran al ser humano algunos procesos complejos. También se convirtió en discípula de otro inventor de la época, Charles Babbage, que estaba trabajando en un proyecto que a nuestra joven amiga le había llamado mucho la atención, una **calculadora mecánica**. Seguro que alguna vez has utilizado una calculadora en el cole, ¿a que sí? Pues, en parte, se la debemos a este Charles.

En cuanto Ada conoció el trabajo de Charles y recordó aquel telar mecánico que la había dejado fascinada, tuvo una idea revolucionaria.

—¿Y si construimos un telar mecánico, pero aplicado a los números? Es decir, que nos permita hacer **cálculos** entrelazando números de la misma forma en que el telar entreteje los tejidos.

Charles se quedó maravillado con su joven discípula. Ninguno de los dos lo sabía, pero Ada había imaginado por primera vez ese invento tan importante para nosotros: el ordenador. Sin embargo, había un problema, y es que para inventar esa máquina Ada y Charles necesitaban un código a través del cual la máquina pudiese realizar sus cálculos. Es decir, unas instrucciones. Hoy en día, ese código es lo que llamamos **«algoritmo»**.

Ada trabajó intensamente en elaborar ese código que programase la máquina calculadora. En cuanto desarrolló su código de programación, Ada, cuya mente no dejaba de imaginar e inventar, dijo:

—En el futuro, usando algoritmos, las máquinas podrán hacer muchas más cosas que simples cálculos. Podrán componer música o hacer gráficos. No tendrán límites.

Pocos creyeron a la joven científica, pero el tiempo ha acabado dándole la razón. Si hoy en día existen **ordenadores**, es en parte gracias a la contribución de Ada Lovelace. Fue la primera persona que nos dio la «receta» para que las máquinas pudiesen funcionar.

Más de 100 años después del trabajo de Ada Lovelace, decenas de científicos comenzaron a trabajar en la creación de máquinas capaces de realizar cálculos basados en **algoritmos** (ya sabes, lo que llamamos «ordenador»). Uno de ellos fue nuestro amigo Konrad Zuse.

Konrad nació en Alemania hace 100 años y murió hace casi 30. Estudió ingeniería y durante esa época tuvo que hacer muchos cálculos rutinarios a mano, lo que le parecía aburrido. Esta experiencia lo llevó a soñar con una **máquina** que pudiera hacer cálculos. Así fue como conoció el trabajo que Ada Lovelace había hecho 100 años atrás y que había quedado un poco olvidado en el mundo de la ciencia. A partir de entonces, comenzó a trabajar intensamente en la fabricación de un **ordenador**, que terminó de configurar en casa de sus padres. Este se considera el primer ordenador programado a través de un algoritmo.

Ada y Konrad conectaron sus trabajos con 100 años de diferencia, ¡qué interesante!

Ada Lovelace y Konrad Zuse fueron solo dos de las decenas de científicos que sentaron las bases del mundo de la **informática**. Hoy vivimos en un mundo en el que la informática y los ordenadores tienen una importancia enorme. Los ordenadores nos permitieron viajar al espacio o inventar internet, como ya veremos. Te ayudan a entretenerte jugando a videojuegos, a estudiar o a mantener controlado el tráfico de tu ciudad, por ejemplo. Es probable que no haya invento que tenga más usos distintos que el algoritmo y el ordenador, porque todos tenemos uno en casa.

Ah, por cierto, ¿alguna vez has oído eso de que las chicas no son buenas estudiantes o investigadoras en ciencias o en informática? Pues tal vez deberías saber que Ada Lovelace es considerada la primera **programadora** de la historia.

¿SABÍAS QUE...?

Los **primeros ordenadores** ocupaban el espacio de una habitación, pesaban toneladas y tenían un precio de más de un millón de dólares. Hoy, tu **teléfono móvil** (que también es un ordenador) es muchísimo más potente que esos primeros ordenadores, ¡y te cabe en la palma de la mano!

HAGAMOS UN REPASO

¿Qué es? Una máquina capaz de hacer cálculos gracias a un código de programación llamado «algoritmo».

¿Quién lo inventó? Tuvo decenas de desarrolladores, pero destacamos a Ada Lovelace y a Konrad Zuse.

¿Cuándo? En un largo proceso entre los siglos XIX y XX.

¿Por qué es importante? Porque nos permitió realizar cálculos complejos, así como almacenar y elaborar datos como nunca antes había podido hacerse en la historia.

INTERNET: LA COMUNICACIÓN AL INSTANTE

Coges el teléfono móvil de tus padres o tal vez el tuyo (en caso de que tengas uno), abres tu **red social** favorita y subes una foto divertida. Enseguida, otra persona a decenas, cientos o miles de kilómetros, ve esa foto y reacciona a ella. Estamos acostumbrados a que esto sea algo totalmente normal, pero si lo pensamos bien por un momento, es una absoluta locura. De verdad, es algo increíble, créeme. O si no, ¿te has dado cuenta ya de que buena parte de los inventos de los que hemos hablado hasta ahora tienen que ver con la **comunicación**? La escritura, el papel, el ferrocarril, el teléfono, el avión... Todos estos inventos que hemos visto hasta ahora nos han permitido comunicarnos de una forma más rápida. Pues bien, el siguiente invento, el último del que hablaremos en este libro, es el «jefe final» de los inventos sobre comunicación. El que nos ha permitido comunicarnos a todas las personas del planeta de forma instantánea. Hablamos de **internet**. Para ver cómo se inventó, conoceremos a nuestro nuevo amigo Leonard, de diecisiete años.

· · · · · · · · · · · · · · · · · · · ·

Leonard Kleinrock nació hace casi 90 años en Nueva York, en Estados Unidos. Desde pequeño, destacó por su interés en las ciencias. Al graduarse en secundaria, como no podía pagarse los estudios que él quería hacer en la universidad, comenzó a trabajar durante el día como **técnico electrónico** y, al acabar la jornada, iba a las clases nocturnas para preparar sus estudios. Cuando por fin pudo comenzar a estudiar en la universidad, se interesó por un campo nuevo de las ciencias en el que muy pocos investigadores habían trabajado hasta entonces: la creación de redes para compartir datos a larga distancia. Es decir, a lo que llamamos **«telecomunicaciones»**.

Hasta entonces, había la posibilidad de comunicarse usando ondas de radio o sonidos (como el invento del teléfono), pero aún faltaba ir un paso más allá en la forma en que los seres humanos nos comunicábamos. Así fue como en la universidad en la que trabajaba Leonard, junto a otras universidades, surgió el proyecto **ARPANET**.

¿Qué es ARPANET? Pues nada menos que el padre de internet.

—El objetivo de este proyecto —le explicaba Leonard a su familia— es crear una red que una ordenadores de varios centros de investigación. Esos ordenadores podrían **transmitirse datos** los unos a los otros, aunque estén a kilómetros de distancia.

—¿Y qué centros vais a conectar? —le preguntó su padre.

Desde hacía meses, Leonard había estado en contacto con otras universidades de Estados Unidos para trabajar en sus descubrimientos. Tres de ellas decidieron aceptar su oferta.

—Primero, conectaremos cuatro universidades. Pero en el futuro podrán conectarse un número todavía mayor. O eso esperamos.

¿«Un número mayor»?, podrás preguntarte. Por supuesto. Leonard Kleinrock no lo sabía aún, pero su invento uniría miles de millones de ordenadores.

—¿Y qué es lo que vais a mandaros? —le preguntó su sobrino.

Leonard no sabía muy bien qué responderle. Se quedó pensándolo un momento y al día siguiente lo habló con sus compañeros de las otras universidades.

—El mensaje que nos transmitiremos será «log in» —acordaron entre los investigadores.

En inglés, «log in» significa «iniciar sesión».

El 29 de octubre de 1969, cuatro ordenadores de cuatro puntos distintos de Estados Unidos se propusieron enviar el primer mensaje de internet... ¡Estaban haciendo historia!

El problema es que, cuando ya se había escrito «lo», el sistema colapsó... Sí, se quedó colgado, como seguramente se te habrá quedado congelado a ti internet en algún momento. Lo gracioso, por tanto, es que el primer mensaje enviado por internet fue solo ese «lo», lo que en inglés antiguo equivale a una exclamación, tipo «¡Sorpresa!».

● ● ● ● ● ● ● ● ● ● ● ● ● ● ● ● ● ● ●

Sí, el mundo entero estaba a punto de recibir una gran sorpresa. Un puñado de científicos de varias universidades habían inventado una forma de comunicarse al instante, sin importar la distancia. Era el año 1969 y todo estaba a punto de cambiar.

Cada vez más, internet está presente en nuestro día a día: nos comunicamos, compramos, nos entretenemos en la red... En algunas ocasiones, **internet** esconde algunos peligros de los que espero que tus padres y profes ya te hayan prevenido bien, pero en otras muchas cuestiones, internet es un gran regalo que los científicos nos han ofrecido. No solo nos ha dado la oportunidad de comunicarnos, sino de tener a nuestro alcance cualquier tipo de información. Es decir, internet es como una enorme imprenta (como esa que inventó nuestro amigo Johannes Gutenberg) en la que cabe todo el **conocimiento** del ser humano.

No sabemos qué nos deparará el futuro de internet, pero sí sabemos cuál es su pasado: **ARPANET** y los científicos que, como nuestro amigo Leonard Kleinrock, revolucionaron el mundo con su invento.

¿SABÍAS QUE...?

El año **1969** fue uno de los más importantes en la historia de la ciencia. ¿Sabes qué más ocurrió ese año? No solo se mandó el primer mensaje a través de internet, sino que, tres meses antes, el 16 de julio, el ser humano puso el pie en **la Luna** por primera vez gracias a la expedición del **Apolo 11**. Una expedición que no habría podido llevarse a cabo sin los ordenadores ni los miles de científicos y científicas que trabajaron con ellos.

HAGAMOS UN REPASO

¿Qué es? Un medio de comunicación en red.

¿Quién lo inventó? Decenas de científicos, de entre los que destacamos a Leonard Kleinrock, quien dirigió el primer prototipo de internet: ARPANET.

¿Cuándo? En 1969.

¿Por qué es importante? Porque nos permitió comunicarnos y compartir información con todo el mundo de manera instantánea.

EL PRÓXIMO INVENTO PUEDE SER TUYO

A lo largo de este libro has conocido a muchos amigos y amigas. A pesar de que vivieron en épocas muy distintas y en lugares muy lejanos entre sí, todos tenían cosas en común: su **curiosidad** por el mundo que los rodeaba y la intención de cambiar algunas de las cosas que no funcionaban del todo bien, ya fuera para elaborar herramientas, alimentarse, comunicarse o ir de un lugar a otro.

A esos grandes inventores e inventoras les debemos mucho. Pero también tienes que tener en cuenta algo importante: Gutenberg no habría podido inventar la **imprenta** sin nuestra amiga Yun, quien hemos imaginado que inventó el **papel**. De la misma forma, no habría sido posible que Alexander Fleming descubriera la **penicilina** sin los hallazgos que desde hacía siglos venían haciendo los médicos que, por ejemplo, inventaron las primeras vacunas, como nuestro amigo Edward Jenner. ¿Y qué me dices de **internet**? No habría sido posible, no ya sin la decena de científicos que trabajaron en él, sino también sin la gran cantidad de inventores que desarrollaron la informática, desde Ada Lovelace hasta Konrad Zuse, por ejemplo.

Así pues, lo que estoy intentando decirte es que no seríamos nada sin la cooperación entre aquellos científicos que no solo coincidieron en el tiempo, como los que se mandaron ese primer mensaje a través de internet, sino también a lo largo de los siglos y milenios. Nuestros amigos Ada y Konrad, con un siglo de diferencia, también cooperaron. Solemos pensar que los **inventores** son personas solitarias en su taller o laboratorio, pero en realidad dependen de otros. Sin la cooperación entre los seres humanos no estaríamos aquí y esa es una de las grandes lecciones que me gustaría que te llevaras de este libro. Cooperar nos ha ayudado a tener una **vacuna** para el coronavirus en tiempo récord y nos ayudará seguro a combatir el cambio climático en el futuro.

¿Y si tú tienes esa idea maravillosa que nos ayude a prosperar en el futuro? ¿Y si tú añades un nuevo eslabón a la cooperación científica ayudándote de inventos del pasado para transformar nuestro mundo? Puede que estés poniendo cara rara, porque yo también pensaba a tu edad que no podría cambiar las cosas. Pero ¿por qué no? Este libro está lleno de historias de **jóvenes soñadores** como tú. A Ada Lovelace nadie le podría haber dicho que sin ella no existirían los ordenadores de nuestro tiempo, y podría ser que sin ti no exista algo que sea muy muy importante en el siglo XXII, por ejemplo.

Si a cada uno de los inventores e inventoras que han aparecido en este libro, desde Kiala en la prehistoria hasta Leonard Kleinrock, les preguntásemos qué dos cosas recomendarían para cambiar el mundo, es muy probable que fueran estas dos acciones: soñar con un futuro mejor y cooperar para conseguirlo. **¡Ánimo!** No necesitas nada más que eso.

DIME, ¿ACEPTAS EL RETO?